Die

Nichtigkeits-Beschwerde.

Critik des Gesetzentwurfes

vom 20. Mai 1860.

Von

L. Volkmar,
Justiz-Rath,
Rechts-Anwalt am Königl. Ober-Tribunal.

Berlin, 1860.
Verlag von J. Guttentag.

Vorwort.

In vielen einzelnen, sich zum Theil widersprechenden Gesetzen — Verordnung vom 1. Juni 1833, Verordnung vom 14. December 1833, Declaration vom 6. April 1839, Instruction vom 7. April 1839, Verordnung vom 5. Mai 1838, Verordnung vom 21. Juli 1843, Verordnung vom 28. Juni 1844, Verordnung vom 21. Juli 1846, Cabinets-Ordre vom 22. December 1841, Verordnung vom 2. Januar 1849, Verordnung vom 26. April 1851, Gesetz vom 20. März 1854, Gesetz vom 26. März 1855, — ist die Organisation der dritten Instanz geordnet. Neben diesen Gesetzen bestehen als ehrwürdige Ruinen die Bestimmungen der Allgemeinen Gerichts-Ordnung. Dem Justiz-Ministerium gebührt Dank, daß es statt so vieler zerstreuter Glieder ein einziges Procedur-Gesetz vorgelegt. Je tüchtiger der Entwurf, je entschiedener ist eine eingehende Critik geboten.

Berlin, Juli 1860.

Volkmar.

Entwurf eines Gesetzes

über

das Rechtsmittel der Nichtigkeits-Beschwerde in Civilsachen, für alle Landestheile, mit Ausschluß des Gebietes des Rheinischen Rechtsverfahrens.

---

§. 1.

Das Rechtsmittel der Revision wird aufgehoben.

Erkenntnisse, gegen welche die Gesetze kein ordentliches Rechtsmittel zulassen, können von der beeinträchtigten Partei durch Nichtigkeitsbeschwerde angefochten werden.

Die Motive begründen die Aufhebung der Revision. Ich will dasjenige hervorheben, was Einer der bedeutendsten preußischen Juristen, der Revisor der Prozeßordnung, Reinhardt, geltend macht.

Er theilt zuerst die Vorschläge mit, welche zur Umgestaltung der dritten Instanz gemacht worden. Sie sind mannigfach und stehen sich ex diametro entgegen. Die Einen wollen die Revisionssumme erhöhen, die Anderen vermindern. Diese wollen die Revision nur gegen Difformes, Jene wollen sie auch gegen Conformes zulassen. Die Einen sind für die unbeschränkte Zulassung neuer Thatsachen und Beweismittel, Andere wollen sogar gegen ein abänderndes Revisionsurtheil eine Superrevision gewähren, oder doch die Entscheidung nur nach der Mehrheit der Stimmen in allen drei Instanzen treffen. Ein Gutachten geht dahin, daß für die Zulässigkeit der

Revision kein Grund aufzufinden sei. Nur diese Auffassung ist consequent und praktisch.

Wir gehen hierbei, bemerkt der Revisor (Pensum IV. S. 88 f.), von dem Grundsatze aus, daß es die Verpflichtung des Staats ist, nicht bloß dafür zu sorgen, daß die Rechtsstreitigkeiten der Unterthanen auf irgend eine Weise vom Richter geschlichtet, sondern auch dafür, daß sie richtig entschieden werden, daß das materielle Recht überall die formelle Anerkennung finde. Der Staat muß der menschlichen Schwäche zu Hülfe kommen durch solche Einrichtungen und Anordnungen, welche es möglich machen, begangene Irrthümer zu verbessern.

Als Mittel zur Erreichung dieses Staatszwecks dient der Instanzenzug von niederen zu höheren Gerichten, und zu dem Ende sind den Partheien die ordentlichen und außerordentlichen Rechtsmittel gestattet.

Die Aufgabe des Staats hierbei ist, für jede erweisliche, einer Parthei ohne eigene Schuld und Versäumniß zugefügte Rechtsverletzung Remedur zu gewähren.

Auf verschiedene Weise hat man in verschiedenen Staaten diese Aufgabe zu lösen versucht.

In den meisten deutschen Ländern, wo der gemeine Proceß galt, forderte man drei conforme Erkenntnisse dreier verschiedener Gerichte — in einigen sogar drei ununterbrochen auf einander folgende gleichlautende Urtheile — und fand erst hierin eine sichere Bürgschaft für die Rechtmäßigkeit der Entscheidung. Man gestattete also so lange ein Rechtsmittel, bis jene Zahl übereinstimmender Erkenntnisse erfüllt war. — In Oesterreich sowie in Baiern begnügte man sich mit zwei übereinstimmenden Erkenntnissen.

Da indeß eine wirkliche Uebereinstimmung nur alsdann vorhanden ist, wenn die Sache dieselbe bleibt, und da es mithin gleichlautende Erkenntnisse in diesem Sinne nicht zu nennen sind, wenn das Appellationsurtheil auf neuen, dem ersten Richter nicht vorgelegten Thatsachen oder Einreden beruht: so folgte aus diesem Prinzip, und um die Rechtsmittel nicht ohne Ende zu vervielfältigen, das

Verbot von novis in der Appellationsinstanz, welches die baierische Prozeß-Ordnung, sowohl die ältere als der neue Entwurf derselben, und einige andere Prozeß-Ordnungen, wie die sächsische und anhaltische, enthalten.

Allein bei diesem Verbot wird jener Staatszweck nur halb erreicht. Denn nicht bloß gegen den etwanigen Irrthum der Richter soll der Staat Schutz gewähren, auch den Partheien selbst soll er durch die nochmalige Verhandlung Gelegenheit geben, ihre eigenen Fehler zu verbessern und ihre Sache klarer und vollständiger vorzutragen. Oft ersieht ja die Parthei erst aus dem Urtheil des Richters, worauf es demselben ankam.

Gestattet man nun allgemein und als ordentliches Rechtsmittel noch eine dritte Instanz, so ist in dem Falle, wenn in dieser zwei gleichförmige Erkenntnisse der beiden ersten Instanzen reformirt werden, die Richtigkeit der Entscheidung nur um so ungewisser. Man müßte zur vierten Instanz schreiten; da aber, wenn diese der dritten Instanz beitritt, das Verhältniß erst gleich steht, so bedürfte es auch noch einer fünften Instanz, und man wäre auf das System der tres conformes zurückgeführt.

Wollte man die dritte Instanz nur dann zulassen, wenn Difformes vorhanden sind, und also, wie die baierische Prozeß-Ordnung, die Garantie in dem übereinstimmenden Ausspruch zweier Gerichte finden, so können doch, wenn nova in appellatorio zulässig sind, wie schon bemerkt, die auch im Tenor gleichlautenden Erkenntnisse nicht als übereinstimmend angesehen werden. Zudem würde hierbei die Einförmigkeit der Rechtspflege leiden, da über dieselbe Sache, je nachdem Conformes oder Difformes vorhanden wären, bald ein niederes, bald ein höheres Gericht in letzter Instanz zu erkennen hätte. Man wäre endlich durch alles dieses bei fünf oder drei Instanzen zu keiner größeren Gewißheit gelangt, als welche man sogleich nach der ersten Entscheidung hatte; denn zieht man die widersprechenden Urtheile ab, so ist es doch nur die Entscheidung Eines Richters, welche den Ausschlag giebt.

Hiernach ist die Mehrzahl unter uns der Meinung, daß man

jenes Prinzip, die Bürgschaft für die Richtigkeit der Entscheidung in dem übereinstimmenden Ausspruche mehrerer Richterbehörden zu finden, gänzlich verlassen müsse, da dasselbe auf eine unverhältnißmäßige Vermehrung der Instanzen oder darauf führt, die Anbringung von novis in der zweiten Instanz zu untersagen.

So viel Instanzen der Staat auch anordnen mag, so ist es doch immer nur eine Vermuthung, welche hieraus für die Gerechtigkeit des Urtheils entspringen kann, und welche als solche der Wahrheit weichen muß. Kann es also die Parthei vollständig darthun, daß der Richter gefehlt hat, so muß sie Gehör finden. Denn der Staat darf es in keinem Falle zugeben, daß ein erweisliches Unrecht formelles Recht werde — insofern sich nämlich die Partheien nicht dabei beruhigen.

Das Richteramt begreift aber zweierlei, die Würdigung des Factums und die Anwendung des Gesetzes. — Jene ist Sache des Ermessens, und wie wohl der Richter auch hierbei gefehlt haben kann, so läßt sich doch der Irrthum niemals mit völliger Evidenz darthun. In diesem Falle kann daher die Vermuthung der Richtigkeit, welche jede in einer regelmäßigen Procedur und in ordentlichem Instanzenzuge erfolgte Entscheidung für sich hat, nicht widerlegt und aufgehoben werden. Eine nochmalige Entscheidung würde in dieser Beziehung wiederum nur auf richterlichem Ermessen beruhen und ihr Resultat nicht zuverlässiger sein.

Anders verhält es sich mit der Gesetzmäßigkeit des Urtheils, sowohl der äußeren, d. i. der Regelmäßigkeit der Procedur (welche stets vorausgesetzt werden muß, wenn jene Vermuthung eintreten soll), als der innern, d. i. der Anwendung des Gesetzes auf den zu entscheidenden Fall. Hat der Richter wesentliche Formen verletzt, oder deren Verletzung gut geheißen, war er vielleicht incompetent in der Sache zu erkennen, oder hat er gegen ein ausdrückliches Gesetz gesprochen: so ist hierüber ein vollkommener Nachweis möglich, und es muß der Parthei für den Fall, daß sie diesen Nachweis führen kann, durch ein außerordentliches Rechtsmittel, die Nullitätsklage, geholfen werden.

Die Aufgabe der Prozeßordnung, heißt es an einem andern Orte

S. 31 f., ist nun, die Rechtsstreitigkeiten der Partheien nicht etwa überhaupt nur zur richterlichen Entscheidung zu bringen und vorzubereiten, sondern auch denselben eine den Gesetzen gemäße Entscheidung zu sichern, mithin darüber zu wachen, daß das Gesetz gleichförmig und richtig angewendet und ausgelegt werde, und solche Anordnungen und Einrichtungen zu treffen, daß jeder von dieser Seite begangene Fehler könne wieder gut gemacht werden. Die richtige Anwendung des Gesetzes auf den einzelnen Fall ist allerdings abhängig von der richtigen Darstellung dieses Falles und von dem Erweise der factischen Bedingungen zur Anwendung des Gesetzes. Allein diese ist Sache der Partheien; es ist ihre Schuld, wenn sie hierunter fehlen und von der Proceßordnung kann in dieser Beziehung nur gefordert werden, daß sie ihnen die Mittel an die Hand gebe, etwanige Irrthümer und Fehler zu verbessern, wiewohl in beschränkter Weise. Genau genommen würde es hierzu — zur Entscheidung über das Factum — nicht einmal gelehrter Richter und eines eigenen Richteramtes bedürfen; man könnte diese Entscheidung auch anderen Personen, etwa Geschworenen, überlassen, und in einigen Fällen, wo es auf besondere, dem Richter nicht beiwohnende Sachkenntniß ankommt, muß dies sogar geschehen.

Jene Aufgabe aber enthält eine Pflicht des Staats und ist unbeschränkt. Der Staat muß in allen Fällen für die Aufrechthaltung des Gesetzes, seine richtige Anwendung und Auslegung sorgen, und gegen jede Verletzung desselben durch den Richter eine Abhilfe gewähren 2c.

Daß sich das höchste Gericht, wie bisher bei den Rechtsmitteln der Revision, auch mit der Würdigung des Thatsächlichen beschäftige, wodurch sein Geschäftskreis eine nicht mehr zu übersehende Ausdehnung erhalten würde, scheint weder nöthig noch nützlich. Jedes Factum ist ein Mannigfaltiges, das sich selten auf dieselbe Weise wiederholt. So wie es daher ein vergebliches Bestreben ist, eine vollständige und erschöpfende Theorie über die Qualification und den Erweis der Thatsachen aufzustellen, um vermittelst derselben eine Einheit in jenes Mannigfaltige zu bringen, ebenso wenig steht dies dadurch zu erreichen, daß die Entscheidung über das Factum in letzter

Instanz Einem und demselben höchsten Gericht unterworfen wird. Jeder einzelne Fall muß nichtsdestoweniger nach seiner besonderen Beschaffenheit gewürdigt werden und läßt keine Folgerung aus ähnlichen Fällen zu. Auch die Beweistheorie kann dem Richter in dieser Beziehung nur eine formale und dürftige Anleitung geben. —

Die Gründe, welche gegen die Aufhebung der Revision geltend gemacht werden, sind im Wesentlichen diese:

1. Die Revision der Gerichtsordnung bilde den Schlußstein des ganzen Gebäudes. Es sei unzulässig, den Neubau mit dem Dache zu beginnen.

Dieser Grund beweist zu viel. Die Gerichtsordnung besteht weder in ihrem Fundament, noch in ihrem Ausbau. Die Instructionsmaxime ist beseitigt. Das wörtliche Verfahren, die Verhandlungsmaxime, die Gesetzgebung seit 1833 hat alle Grundsätze der Gerichtsordnung wo nicht vollständig aufgehoben, doch von allen Seiten durchbrochen. Wünschenswerth erscheint, durch den Erlaß einer neuen Prozeßordnung einem Zustand ein Ende zu machen, in welchem einem durch neue Institutionen gestörten Organismus die Lebenskraft genommen, die Gesetzeskraft belassen worden. Nothwendig ist, daß schreiende Uebelstände von der Gesetzgebung nicht gehegt und conservirt, sondern sofort gehoben werden. Zu diesen schreienden Uebelständen gehört die jetzige Gestaltung der dritten Instanz. Diese Instanz bildet einen in sich abgeschlossenen Rechtsgang. Wie sie jetzt besteht, entspricht sie nicht den Prinzipien der Gerichtsordnung. Das Bild mit dem Dach ist eben ein Bild, — ein Gleichniß, keine Wahrheit.

2. Die Appellationsgerichte seien nicht so organisirt, daß es im Interesse der Gerichtseingesessenen sei, dem dritten Richter die Würdigung der Thatfrage zu entziehen.

Die Appellationsgerichte werden den Vorwurf kaum gelten lassen. Wahr oder nicht wahr: er führt zu der gezogenen Consequenz nicht. Er begründet nur das Verlangen, daß die Zusammensetzung der Appellationsgerichte eine solche werde, welche stärkere Garantie gewähre für die richtige Würdigung der Thatfrage. Ist bei conformen

Tenores das Appellationsgericht berufen und qualificirt, die Thatfrage endgültig zu entscheiden, so ist auch bei difformen Tenores diese Qualification prinzipiell nicht wohl zu bemängeln.

Stellt in Criminalsachen das Appellationsgericht das Factum unangreifbar fest, so wird diese seine Befugniß in Civilsachen nicht in Frage zu stellen sein.

Es soll freilich der menschlichen Natur eigen sein, die Geldfrage höher zu achten, als viele andere Fragen. Die Kammern bewilligen leichter eine stärkere Aushebung, als die geringste neue Steuer. Der Arzt wird schlechter besoldet als der Advocat. Die Formen des Kriminalprozesses geben für die Wahrheit des Urtheils weit geringere Bürgschaft, als die Formen des Civilprozesses.

Die Gesetzgebung scheint mir jedoch nicht berufen, dieser menschlichen Schwäche Rechnung zu tragen.

3. Der dritte Richter, dem das Gebiet des Thatsächlichen völlig entzogen, laufe zu große Gefahr, zu verknöchern; er werde, dem praktischen Leben entrückt, zu einer Abstractionsmaschine.

Ich gebe zu, daß sich kein Richter dem praktischen Leben entziehen darf; und daß ein Gesetz nicht zu billigen ist, welches ihm eine verknöchernde Beschäftigung anweist.

Die Sache ist jedoch so schlimm nicht, als sie klingt. Wer mit offenem Sinn und Gefühl für die Leiden und Freuden seiner Mitbürger sich von ihnen nicht abschließt, hat nicht zu fürchten, daß er erstarre. Wer einmal Stockjurist ist, dem ist durch die Würdigung der *thatsächlichen* Elemente des *Prozesses* schwerlich zu helfen.

Der Revisor bemerkt:

Dadurch endlich, daß der höchste Gerichtshof auf die Prüfung der Gesetzmäßigkeit der ihm denuncirten Urtheile beschränkt und abgehalten wird, in die factischen Prämissen derselben einzugehen, wird auf der andern Seite der Kreis seiner Wirksamkeit in eben dem Maaße erweitert, er wird in den Stand gesetzt und getrieben werden, um so tiefer in den Geist der Gesetze einzudringen, diesen Geist um so reiner aufzufassen und darzustellen, und sowohl für sich selbst als für alle untergeordneten Richter-Collegien die Grundsätze zum Bewußtsein zu bringen, auf welchen die richtige Anwendung und Auslegung der Gesetze beruht. Er wird hiermit seine eigentliche Bestimmung um so würdiger erfüllen; eine lebendige Jurisprudenz wird von ihm ausgehen und die Quelle zahlloser Prozesse verstopfen, die in der Ungewißheit des Rechts liegt.

Eine solche Aufgabe scheint mir das Ideal der juristischen Thätigkeit zu sein. Ich glaube nicht, daß die Mitglieder unserer Criminalsenate und der Cassationshöfe gerade an der Verknöcherungsfurcht leiden.

Wie die Sachen nun einmal sind, sind sie nicht haltbar. Daß derselbe Richter in dem einen Prozesse nach dem Buchstaben des Gesetzes, in dem andern nach einem sogenannten Naturrecht erkennen soll, wird Niemand für zweckmäßig und ersprießlich halten. Daß derselbe Richter hier Herr, dort Diener des Factums sein soll, erscheint nicht weniger verwerflich.

Es möchte wohl kaum eine zweite Gesetzgebung zu ermitteln sein, welche für dieselbe Instanz zwei im Prinzip, Wesen und Erfolg vollständig verschiedene Rechtsmittel zuläßt. Diese Zulassung zweier Rechtsmittel hat Nichts für, Alles gegen sich. Sie ist ungerecht. Es ist nicht nur denkbar, sondern in Wirklichkeit häufig genug geschehen, daß in derselben Sitzung zwei ganz gleich liegende Prozesse verschieden entschieden werden mußten, weil dort Revision, hier nur Nichtigkeitsbeschwerde zulässig gewesen. Sie führt zu unnöthigen Weiterungen. Die Frage, ob summa revisibilis vorhanden, hat die schlimmsten Controversen in ihrem Gefolge, während die Ausmittelung des Streitgegenstandes oft mit den erheblichsten Kosten, mit vielmonatlichem Zeitaufwand verknüpft ist. Sie ist prinzipiell verwerflich. Die eigentliche Aufgabe des Ober-Tribunals ist die Anbahnung der Rechtseinheit. Soll dieser Zweck erreicht werden, so darf die Feststellung des Factums nicht zur Domaine des höchsten Gerichtshofes gehören. Durch diese Feststellung des Factums wird die Rechtseinheit nicht erzielt; im Gegentheil: es werden die Kräfte zersplittert; es wird Irrthum, Fehlgreifen des Ober-Tribunals gar sehr ermöglicht; es wird die sogenannte Moralität der Sache in den

Vordergrund gedrängt; — lauter Dinge, welche dem höchsten Gerichtshofe nicht fern genug gehalten werden können.

Es fehlt endlich für die Zulassung zweier Rechtsmittel an jedem practischen Bedürfniß.

Prozesse, welche Familien- oder Standesverhältnisse, Ehrenrechte und Ehegelöbnisse zum Gegenstande haben, sind äußerst selten. Ihre geringe Zahl rechtfertigt es nicht, das Ober-Tribunal seinem eigentlichen Beruf zu entziehen. Ist in allen Criminalsachen die Revision ausgeschlossen, so wird Niemand sich beschweren können, wenn auch für jene so seltenen Materien die Revision ausgeschlossen ist.

Anzuerkennen ist nun freilich, daß die Ehesachen noch immer an Zahl beträchtlich genug sind. Ich kann jedoch nicht zugeben, daß die Revision nun grade im Interesse dieser Sachen ist. Handelt es sich um eine Rechtsfrage, so reicht die Nichtigkeitsbeschwerde vollständig aus. Handelt es sich um die Feststellung der Thatfragen, so ist zu erwägen, daß alle Mittel, welche den Instanzrichtern hier in so vollem Maße zu Gebote stehen, dem Ober-Tribunal vollständig versagen.

Das Ober-Tribunal kennt die Personen nicht; — alle Preußen sind seine Gerichtseingesessenen. Vor dem Ober-Tribunal erscheinen die Partheien nicht persönlich. Vor dem Ober-Tribunal erscheinen die Zeugen nicht persönlich. Vor dem Ober-Tribunal findet die Sühne nicht statt. Der höchste Gerichtshof erkennt auf die Acten, auf die Beweisprotokolle. Man wird nicht behaupten, daß diese Surrogate der mündlichen Verhandlung zur Feststellung der Thatfragen geeigneter sind, als die mündliche Verhandlung selbst.

Es bleiben somit die Prozesse, in denen die Difformität der Urtheile 500 Thlr. übersteigt.

Der einzige Grund für die Zulassung der Revision wäre hier die unabweisbare Gewißheit, daß die sieben Richter des Ober-Tribunals geeigneter sind, die Thatsachen richtig festzustellen, die Beweisresultate richtig zu würdigen, als die acht Richter der Vorinstanzen. Eben weil aber die eigentliche, die ausschließliche Thätigkeit des Ober-Tribunals in der Lösung der so überaus schwierigen Rechtsfragen, in der Aufstellung fester Rechtsprinzipien liegt, werden die Richter am Ober-Tribunal sich diesen Vorzug am wenigsten vindiciren mögen. Es kömmt hinzu, daß die Würdigung des Beweises gar sehr Sache des Gefühls ist und daß die Thätigkeit der Tribunalsanwälte, zumeist auf den Rechtspunkt gerichtet, dem Collegium nicht in so genügender Weise die Mittel für die Lösung der Thatfragen unterbreiten kann, als dies vor den Instanzgerichten geschieht.

Soviel ich weiß, ist denn auch die Ansicht eine sehr verbreitete, daß nur die Nichtigkeitsbeschwerde zuzulassen sei.

Wird hiernach die Aufhebung der Revision auf das Unbedingteste zu billigen sein, so scheint mir die zweite a linea des §. 1 erheblichen Bedenken zu unterliegen.

Die Nichtigkeitsbeschwerde ist ein außerordentliches Rechtsmittel. Sie darf nur zur Hand genommen werden, nachdem die ordentlichen Rechtsmittel erschöpft worden. Eben weil der Staat verpflichtet ist, für die Feststellung des Factums der Regel nach zwei Instanzen zu gewähren, darf die Nichtigkeitsbeschwerde nur gegen Appellationsurtheile zulässig sein.

Es liegt in der That kein Grund vor, gegen Urtheile in Possessoriensachen, gegen Agnitorien, Präclusorien, Purificatorien, Adjudicatorien die Berufung auszuschließen.

Die Possessoriensachen haben die epinösesten Rechtsmaterien zum Vorwurf, wie dies schon daraus ersichtlich, daß sie in der Regel zu Proberelationen bestimmt werden. Das Schicksal des abnormen Satzes: Possessorium cum petitorio non cumulatur, ist und muß sein, mißverstanden und chicanirt zu werden. Glaubt man, daß trotz unserer geordneten Zustände der Zopf des Possessoriums conservirt werden muß, so schneide man ihm wenigstens nicht die Appellation ab.

Das Possessorium ist der Wechselprozeß für Eigenthum und dingliche Rechte. Hat man dort die drei Instanzen für nothwendig erachtet, so darf doch auch der Grundbesitzer begehren, daß ihm der geordnete Instanzenzug nicht verschränkt werde.

Die Agnitorien des ersten Richters sind entweder wirkliche oder Scheinagnitorien, d. h. solche, in denen der Richter ein Anerkenntniß annimmt, obgleich es nicht abgegeben. Die Ersten werden nicht angegriffen; die Zweiten sind trotz des jetzt zugelassenen Rechtsmittels gradezu unangreifbar, wie denn auch meines Wissens die Nichtigkeitsbeschwerde gegen Agnitorien noch niemals versucht worden ist. Will man die Agnitorien nicht überhaupt beseitigen und statt ihrer die Ausfertigung des Protocolls mit der executorischen Clausel verordnen, so ist statt der sofortigen Nichtigkeitsbeschwerde die Appellation zu eröffnen.

Die Präclusorien sind Contumacialverfügungen gegen den Präcludirten. Ihm ist daher Restitution zu gewähren, während der abgewiesene Extrahent die vom Richter verlangten Desiderate entweder beschaffen, oder den Beschwerdeweg an den Appellationsrichter ergreifen mag.

Die Purificatorien stellen das eigentliche Endurtheil dar. Es ist gerechtfertigt, daß derjenige Richter, welcher schließlich auf den Eid erkannt hat, das Urtheil purificire. Ist dies der erste Richter, und gegen sein auf einen Eid erkennendes Urtheil nicht appellirt, so ist nicht abzusehen, warum die Purificatoria des ersten Richters nicht durch Berufung angegriffen werden darf. Hat der zweite Richter auf den Eid erkannt, sei es nun, daß er das erste Urtheil bestätigt oder geändert, so mag er purificiren. Sein Urtheil ist dann ein in zweiter Instanz gesprochenes.

Die Adjudicatorien entscheiden über die wichtigsten Fragen des Eigenthums. Haben sie die Natur von Urtheilen, so ist der ordentliche Rechtsgang zu gewähren. Die Schleunigkeit des Verfahrens ist durch andere Mittel zu erzielen, als durch die Umgehung des zweiten Richters. Der furchtbare Satz:

> Wer im Licitationstermine kauft, kauft kein Grundstück, sondern ein ganzes Prozeßlabyrinth,

wird seine Wahrheit verlieren, wenn die bessernde Hand an das der Besserung leicht zugängliche Subhastationsverfahren gelegt wird.

Nach rheinischem Recht ist in Possessoriensachen und gegen Adjudicatorien der ordentliche Instanzenzug eröffnet. Dasselbe ist der Fall, wo die Verordnung vom 20. Juli 1849 gilt. Ich wüßte nicht, daß um deswillen die Gerichtseingesessenen je Beschwerde geführt.

Die Fassung der a linea 2 möchte zu bemängeln sein. Dies ergiebt der §. 24. Richtig ist der Satz: Nulla regula sine exceptione. Die Regel darf aber nicht so gefaßt sein, daß die Ausnahme die eigentliche Regel bildet.

Der §. 1 erklärt:

> Erkenntnisse, gegen welche die Gesetze kein ordentliches Rechtsmittel zulassen, können von der beeinträchtigten Parthei durch die Nichtigkeitsbeschwerde angefochten werden.

Der §. 24 Nr. 3 schließt aus:

> Entscheidungen erster Instanz, wenn der Gegenstand der Beschwerde nach Gelde zu schätzen ist und nicht über fünfzig Thaler beträgt.

Ich würde vorschlagen:

> Urtheile der Berufungsinstanz sind durch die Nichtigkeitsbeschwerde anzufechten.

§. 2.

Die Nichtigkeitsbeschwerde findet statt, wenn das angefochtene Urtheil einen Rechtsgrundsatz verletzt, dieser möge auf einer ausdrücklichen Vorschrift des Gesetzes beruhen, oder aus dem Sinne oder Zusammenhange der Gesetze hervorgehen; oder wenn dasselbe einen solchen Grundsatz in Fällen, wofür er nicht bestimmt ist, in Anwendung bringt.

Als Rechtsgrundsatz wird auch ein Grundsatz des Prozeßrechts betrachtet.

Der Entwurf führt sub I. aus, daß der Nichtigkeitsbeschwerde bisheran zu enge Schranken gezogen sind. Wer die Verhältnisse irgend kennt, wird dieser Ausführung beistimmen müssen. Das Mildeste, was über das Wesen unserer Nichtigkeitsbeschwerde gesagt worden, ist vom Arretisten (Archiv für Rechtsfälle Bd. 9 S. 115) gesagt worden. Dort heißt es:

> Wenn es sich fragt, ob mit Recht der vorige Richter eine unzulässige Veränderung des Klagegrundes angenommen oder nicht angenommen, mit oder ohne Grund neue Thatsachen und Beweismittel für verspätet oder nicht verspätet erklärt,

ob er gegen die gesetzlichen Regeln über Contumacia, Beweislast, angetragene und nothwendige Eide, Beweiskraft der Urkunden, Litisdenunciationen, Interventionen, Reconventionen und Executionen, gegen die Bedingungen der Zulässigkeit eines Arrestes u. s. w. verstoßen habe, so bietet regelmäßig die Nichtigkeitsbeschwerde kein Mittel zur Abhülfe dar, obschon das Recht der Parthei durch Nichtbeachtung einer in jene Materien einschläglichen Prozeßvorschrift nicht weniger gekränkt sein kann, als durch Verletzung einer materiellen, gesetzlichen Bestimmung. Einheit der formellen Vorschriften ist nicht weniger Bedingung einer guten Rechtspflege, als Einheit der materiellen Rechtsgrundsätze. Vor Allem dürfte deshalb eine Erweiterung des Nichtigkeitsgesetzes dahin Noth thun, daß die Verletzung einer Prozeßvorschrift einen Nichtigkeitsgrund bildet.

Auf die Verletzung sogenannter „wesentlicher" Prozeßvorschriften darf die Ausdehnung nicht beschränkt werden; eine solche Ausdehnung würde theils zum Rechtsschutze nicht ausreichen, theils zu den Zweifeln und Streitigkeiten der gemeinrechtlichen Prozessualisten über den Begriff einer wesentlichen Prozeßvorschrift führen, wie der §. 60 der Verordnung vom 21. Juli 1849 bewiesen hat u. s. w.

Nach einer solchen Erweiterung des Feldes der Nichtigkeitsbeschwerde kann unseres Erachtens letztere ohne Bedenken verallgemeinert, die Revision aufgehoben und der Uebelstand beseitigt werden, daß derselbe höchste Gerichtshof in Sachen, die durch Nichts unterschieden sind, als durch den Werth des Streitgegenstandes, verschiedene Urtheile zu fällen genöthigt ist.

Wenn ich diesen Ausspruch milde nenne, so mag man bemessen, mit welcher bitteren Härte dieses an Händen und Füßen gebundene Institut der Nichtigkeitsbeschwerde anderweit beurtheilt worden. Wem die Gesetze ein Recht geben, dem bewilligen sie auch die Mittel, ohne welche dasselbe nicht ausgeübt werden kann; §. 89, Erl. z. Allg. Landr.

Die ganze Lehre von den wesentlichen Prozeßschriften ist nur eine Satyre auf diesen Paragraphen. Man wirft dem Richter vor, er habe den Rechtsgrundsatz: Confessio non scinditur verletzt. Das Obertribunal erwägt, daß dieser Rechtsgrundsatz nur eine nach der Verordnung vom 14. December 1833 unwesentliche Prozeßvorschrift darstellt; Striethorst, Archiv Bd. 34 S. 189. Der zweite Richter hat sich mit den Regeln über die Beweislast auf den gespanntesten Fuß gesetzt; Regeln, an denen das ganze materielle Recht zu entwickeln sein möchte; Regeln, von denen nur zu oft das Schicksal des Prozesses abhängt. Die Nichtigkeitsbeschwerde wird zurückgewiesen, denn die Regeln über die Beweislast sind durch Nichtigkeitsbeschwerde nicht angreifbare Prozeßvorschriften.

Der zweite Richter lehnt — ein sehr häufiger Fall — einen unbequemen Eid, als ein Urtheil enthaltend, ab. Welche zum Eide gestellte Thatsache enthielte nicht zugleich ein Urtheil! Leben heißt Kämpfen. Urtheile dieser Art werden regelmäßig angegriffen, aber regelmäßig ohne Erfolg angegriffen. Die §§. 249 bis 379, Th. I. Tit. 10 der Allg. Gerichtsordnung enthalten eben Nichts, als im Sinne der Nichtigkeitsbeschwerde unwesentliche Prozeßvorschriften. Der zweite Richter ist der Meinung, daß die §§. 16 f. des Gesetzes vom 24. April 1854 die Beweistheorie der Gerichtsordnung nicht geändert haben. Sein Irrthum ist eben so groß als gleichgültig. Es handelt sich von unwesentlichen Prozeßvorschriften. Der zweite Richter erwägt, daß der Verklagte, weil er ein Quantum minus nicht angegeben, als Contumax zu verurtheilen. Die Nichtigkeitsbeschwerde tritt dem entgegen. Sie führt ein kurz vorher in revisorio erlassenes Urtheil für sich an. Der Nichtigkeitsrichter muß sich schweigend über Alles hinwegsetzen. So ziemlich Alles gehört nach jetziger Gesetzgebung zu den unwesentlichen, so ziemlich Nichts zu den wesentlichen Prozeßvorschriften. Das Apellationsgericht erkennt wegen frevelhaften Leugnens als poena temerarii litigii et inficiationis auf eine proportionirliche Leibesstrafe; §. 52, Th. I Tit. 23 der Allg. Gerichtsordnung. Mag das Gesetz immerhin aufgehoben sein, es enthält nur eine Prozeßvorschrift. Doch wozu die Beispiele häufen. Mich dünkt, die Zusammenstellung im Justiz-Ministerialblatt Nr. 22 giebt eine schon zu reichliche Nessel- und Dornenlese.

Ein solcher Zustand ist länger weder zu dulden noch zu ertragen. Wird durch das gerichtliche Verfahren das materielle Recht gefunden, so stellen beide ein Ganzes dar. Wie alle Theile des menschlichen Organismus eine ungetheilte Einheit bilden, so verhält es sich auch mit dem Organismus des Rechts. In diesem Sinne hat der französische Satz: La forme emporte le fond seine Berechtigung. Beschränkt man die richterliche Competenz durch Competenzgerichtshöfe, so stellt man das Recht selbst in Frage. Behandelt man die Formen des Verfahrens als Nebendinge, als unwesentliche Förmlichkeiten, so rächt sich eine so unglückliche Anschauung sofort an dem materiellen Recht. Ich will nicht geltend machen, daß just die Fragen des Prozeßrechts zu den schwierigsten gehören, und recht eigentlich das Interesse der Juristen erregen. Der Prozeß ist ja eben Nichts als der Krieg des Friedens; er hat alle Schwierigkeiten mit dem wirklichen Krieg gemein. — Scheinangriffe, coupirtes Terrain; unberechenbare Größen; Wechsel in den Angriffswaffen und Weisen; Friedensschlüsse, welche die künftigen Kriege gleichsam in ventre haben. Die Gleichstellung des Prozeßrechts und des materiellen Rechts ist schon um deswillen nothwendig, um den Gerichtseingesessenen das wirkliche Recht in der Gestalt des formellen Rechts gewähren zu können. Ich räume gern ein, daß zur Erreichung dieses Zweckes das juristische Studium sich mit dem gemeinen und preußischen Prozeßrecht eingehender als bisheran zu beschäftigen haben wird. Es wird jedoch so schwer nicht sein, diese auf den Universitäten stiefmütterlich behandelten Rechtsmaterien in den Vordergrund zu drängen und überhaupt dem einheimischen Recht diejenigen Lehrkräfte zu gewinnen, deren es eben so empfänglich als bedürftig ist. Man hebe nur getrost das Institut der Zwangs-Collegia auf und vergesse nie, daß die strebenden Kräfte sich zumeist in den Privatdocenten concentriren.

Doch zurück zum Entwurf. Noch eine Frage ist bei diesem Paragraphen zu erwägen. Darf die Verletzung eines ausländischen Rechts, z. B. des englischen, des russischen, Vorwurf der Nichtigkeitsbeschwerde sein? — Der rheinische Senat hat diese Frage in constanter Praxis, zuletzt noch in Sachen Bonnardet contra Suermondt durch Urtheil vom 20. Februar 1859 verneint. Er erwägt in Sachen Raffanf contra Waldbott-Bassenheim (Rheinisches Archiv Bd. 40. 2. S. 63):

> Daß dieses ebenso unzweifelhaft aus dem Geiste des Rechtsmittels hervorgeht, welches mehr im öffentlichen Interesse, als in dem der Partheien gegeben ist, um die Einheit der Rechtsprechung zu sichern und die Prinzipien der Gesetzgebung aufrecht zu erhalten; daß dieser Zweck sich allein auf die Gesetzgebung des Inlandes bezieht, und auch hier nur zu erreichen ist, da bei dem obersten Gerichtshofe eine vollständige Kenntniß der Gesetze seines Landes zu erwarten, während derselbe bei Anwendung einer fremden Legislation mehr oder weniger auf die Anführungen und Vorlagen der Partheien beschränkt sein, mithin sein Erkenntniß die Natur einer thatsächlichen Entscheidung haben würde.

Der gemeinrechtliche Senat geht von denselben Grundsätzen aus. Striethorst Archiv Bd. 35. S. 353. Anders die altländischen Senate; Präjudiz Nr. 1578 a. Wie dem jedoch sei, durch den höchsten Gerichtshof wird die höchste richterliche Intelligenz repräsentirt. Die Mitglieder des rheinischen Senats, insofern sie nicht altländische Juristen sind, werden nicht beanspruchen, gründliche Kenner des altländischen Rechts zu sein. Die Mitglieder der altländischen Senate sind wiederum nicht in der Lage, das rheinische Recht fortzubilden. Daraus scheint mir, will man anders jenes Präjudiz aufrecht halten, mit Nothwendigkeit zu folgen, daß wenigstens der §. 2 des Gesetzes vom 2. Mai 1853 dahin auszudehnen:

> Werden landrechtliche Fragen vor dem rheinischen Senat verhandelt, so ist ein altländischer Senat zuzuziehen.
>
> Werden Fragen des französischen Rechts vor einem der vier anderen Senate verhandelt, so tritt der rheinische Senat hinzu.

In Betreff der Fassung des §. 2 dürfte sich empfehlen, die Worte zu streichen:

> Als Rechtsgrundsatz wird auch ein Grundsatz des Prozeßrechtes bezeichnet.

Diese Worte könnten nicht-preußischen Juristen auffallen. Vielleicht ist der Gedanke durch die Worte auszudrücken:

Die Nichtigkeitsbeschwerde ist begründet, wenn das angegriffene Urtheil einen Grundsatz des materiellen oder Prozeßrechtes verletzt oder falsch anwendet u. s. w.

Durch das Wort: „Rechtsgrundsatz" wird hinreichend ausgedrückt, daß die nur instructiven Vorschriften der Prozeßordnung dem Angriff entrückt sind.

§. 3.

Nichtigkeit tritt insbesondere ein:

1) wenn nicht die gesetzlich vorgeschriebene Zahl von Richtern an der Entscheidung Theil genommen hat;
2) wenn ein Richter an der Entscheidung Theil genommen hat, welcher in einer früheren Instanz bereits als Richter mit erkannt hat, oder welcher in der Sache als Zeuge vernommen worden ist;
3) wenn das Urtheil keine Entscheidungsgründe enthält;
4) wenn der Implorant nicht gehört worden ist;
5) wenn Thatsachen, welche in den Prozeßschriften enthalten oder zu Protokoll erklärt und mit Angabe der Beweismittel unterstützt worden, bei der Beurtheilung übergangen sind, obgleich sie nicht ohne Verletzung oder unrichtige Anwendung eines Rechtsgrundsatzes für unerheblich erachtet werden konnten;
6) wenn der in den Prozeßschriften oder zu Protokoll erbotene oder in Bezug genommene Beweis einer von dem Richter mit Recht für erheblich (Nr. 5) erachteten Thatsache bei der Beurtheilung übergangen ist;

   als Beweismittel im Sinne der Nr. 5 und 6 werden solche nicht betrachtet, welchen nach den Gesetzen die Beweiskraft völlig mangelt;
7) wenn über den Antrag des Gegners hinaus erkannt ist;
8) wenn die gesetzlichen Bestimmungen über die Kompetenz verletzt sind;
9) wenn ein rechtzeitig angebrachtes gesetzlich zulässiges Rechtsmittel als unstatthaft zurückgewiesen, oder wenn ein verspätetes oder sonst gesetzlich unstatthaftes Rechtsmittel zugelassen worden ist;

10) wenn Beweismitteln, welchen nach den Gesetzen die Beweiskraft völlig mangelt, Beweiskraft beigelegt worden ist.

Dagegen kann das Ergebniß thatsächlicher Würdigungen, insbesondere derjenigen der Partei-Erklärungen und der Beweise, durch die Nichtigkeitsbeschwerde nicht angefochten werden.

Mir scheint dieser Paragraph überflüssig und gefährlich.

Der Gesetzgeber hat die Prinzipien festzustellen. Die Jurisprudenz lehrt die richtige Anwendung und Auslegung dieser Prinzipien; in ihr und durch sie wird das Gesetz concret und lebendig. Der Satz: Rationibus non exemplis est judicandum gilt eben so für den Richter wie für den Gesetzgeber. Beispiele sind in den Gesetzen zu vermeiden. Das Wort „insbesondere" sollte dem Gesetzgeber stets fern bleiben. Der Satz des Javolenus:

Omnis definitio in jure civili periculosa est

gilt in viel stärkerem Grade für die Beispiele. Man weiß nicht, sind sie Regeln für die Beurtheilung analoger Fälle; sind sie vor anderen Fällen eximirt und privilegirt, oder sind sie nach dem ciceronianischen brevis et efficax per exempla nur gegeben zur Erläuterung und Erklärung der Regel. Die Beispiele sub 1 bis 10 sind nicht einmal sehr glücklich gewählt. Wenn der zweite Richter aus den Gründen des ersten die Berufung verwirft, so wird sein Urtheil trotz der Nr. 3 nicht nichtig sein. Auch der Contumax ist nicht gehört worden (Nr. 4). Die Nummern 5 und 6 sind geradezu gefährlich. Ich setze: der Verklagte behauptet Verzicht. Er stellt fünf Thatsachen auf, welche in ihrem Zusammenhange die Einrede des Verzichtes darthun. Der zweite Richter verwirft die Einrede, weil die Thatsachen 1 und 5 faktisch nicht erheblich sind. Es ist nicht ersichtlich, daß er die Thatsachen 2, 3, 4 geprüft hat. Es ist im Gegentheil anzunehmen, daß er sie nicht geprüft hat. Ein Beweis, eine Präsumption neben dem Urtheil ist eben nicht zulässig. Die Verletzung eines Rechtsgrundsatzes ist nicht zu behaupten. Soll um deswillen der Excipient rechtlos sein? — Ein anderer Fall: In zweiter Instanz hat eine Beweisaufnahme stattgefunden. Sie hat nicht gerade die Producta, wohl aber Momente erbracht, welche dem Beweisführenden ein günstiges

Urtheil sichern. Der zweite Richter erwähnt diese Momente nicht. Sollen sie nicht zum Gegenstand des Rechtsmittels gemacht werden dürfen, weil nicht ersichtlich ist, daß jener Beweis in Bezug genommen ist? Aber die Verhandlung zweiter Instanz ist mündlich. Das Audienzprotokoll wird oft nicht verlesen; die Parthei hat keine Mittel, die Vorlesung zu erzwingen, auf die Fassung zu wirken.

Ein dritter Fall: Der zweite Richter theilt die Zeugenaussagen mit. Nach seiner Mittheilung hat der Zeuge A bekundet:

> ich habe niemals gesehen, daß der X mit der Z concumbirt hat.

In der Verhandlung selbst heißt es:

> ich habe einmal gesehen u. s. w.

Soll die Geschwängerte entgelten, daß der zweite Richter die Acten nicht richtig gelesen!

Ein vierter Fall: Der Verklagte erklärt: ich bestreite, daß mir der Kläger 100 Thaler als Darlehn gegeben hat. Der Appellationsrichter erwägt, der Verklagte bestreitet nicht, daß ihm der Kläger 100 Thaler als Darlehn gegeben. — Sollen die Partheien rechtlos sein, weil der zweite Richter ein zu gewissenhafter Anhänger des interdum dormitat bonus Homerus ist! Diese Fälle sind nicht aus der Luft gegriffen, sondern aus der Praxis. Der Herr Minister fordere die Tribunalsanwälte nur auf, ihm Fälle dieser Art mitzutheilen. Er wird sich sofort überzeugen, daß die Omissionen und Actenwidrigkeiten für den Angriff dermalen noch nicht zu entbehren sind. Beginnt doch ein mir gerade vorliegendes in Sachen Nr. 2743. IV. am 25. Juni 1857 gefälltes Urtheil des Obertribunals mit den Worten:

> Von den Seitens des Imploranten gegen das Appellations-Erkenntniß erhobenen Angriffen erscheint die **bei Nr. 2, 3** und **4** der Nichtigkeitsbeschwerde aufgestellte Rüge der Omission begründet.

Entstellungen der Partheierklärungen kränken den Sinn für Recht und Gesetz tiefer und bitterer, als die irrige Anwendung eines oft controversen Gesetzes. Dort ist der Irrthum möglich, das allgemeine

Schicksal der Menschen. Hier ist der Irrthum stets zu vermeiden, und wo nicht strafbar, doch durch die Nichtigkeitsbeschwerde zu rügen. Der gemeine Mann, welcher auf Grund einer Auslegung des Gesetzes seinen Prozeß verloren, tröstet sich damit, daß er verspielt habe. Der gemeine Mann, welcher auf Grund eines actenwidrigen Factums unterliegt, ist nicht zu überzeugen, daß der Richter ihm nicht absichtlich Unrecht gethan. Er setzt sich nicht wieder mit der Justiz ins Gleichgewicht.

Ich weiß sehr wohl, daß der französische Cassationsrecurs gegen Mißgriffe dieser Art keinen Schutz gewährt, mag man immerhin Machtüberschreitung, Rechtsverweigerung, Verletzung des Artikels 1319 des bürgerlichen Gesetzbuchs behaupten, weil einem authentischen Act der Glaube versagt worden. Wir haben jedoch seit dem Jahre 1848 durch die Nachbildung französischer Muster in unserer Rechtsbildung nicht gewonnen, sondern tief und empfindlich gelitten. Ich erinnere nur an unser Strafgesetzbuch. Nicht daß ein französisches Gesetz, weil es ein französisches, zu verwerfen, wird es doch nur dann zu adoptiren sein, wenn es dem deutschen Geiste gemäß, ohne jeden politischen Beisatz und Beigeschmack den deutschen Anforderungen genügt.

Die hannöversche Prozeß-Ordnung vom 8. November 1850 eröffnet bei Gesetzesverletzungen die Nichtigkeitsbeschwerde nicht, aber sie läßt sie zu,

> wenn das Erkenntniß auf das Zugeständniß oder Ableugnen eines Thatumstandes gebaut ist, den die betreffende Parthei ausdrücklich geleugnet oder zugestanden hat; §. 431. Nr. 9.

Der gemeinrechtliche Senat des Obertribunals hat, Striethorst Archiv Bd. 13. S. 277, den treffenden Satz ausgesprochen:

> Das stillschweigende Uebergehen dieser für die Beurtheilung erheblichen Ausführungen verletzt die wesentliche Prozeß-Vorschrift, nach welcher der Richter verpflichtet ist, die von beiden Theilen vorgebrachten Angriffs- und Schutzmittel vollständig vor seine Beurtheilung zu ziehen, und rechtfertigt daher nach §. 60. Nr. 2. der Verordnung vom 21. Juli 1849 die ausgesprochene Vernichtung.

Ist der §. 3 nicht aufzugeben, so würde ich ihn dahin fassen:

Wegen unrichtiger **Auslegung** der Parthei-Erklärungen, eines Vertrages oder Testaments; wegen unrichtiger **Würdigung** der Ergebnisse des Beweises kann kein Urtheil vernichtet werden.

Das Wort „Auslegung" giebt, richtig aufgefaßt, genügenden Schutz gegen Actenwidrigkeiten und Omissionen. Alles Andere mag man der Praxis des Ober-Tribunals überlassen.

Daß die Auslegung nicht die s. g. Denaturirung des Vertrages umfaßt, liegt zu Tage. Hat der zweite Richter aus rechtlichen Gründen einen Kaufvertrag als Lieferungs- oder Pachtvertrag aufgefaßt, so hat er den Vertrag nicht ausgelegt, sondern die Natur und den rechtlichen Charakter des Rechtsgeschäfts verkannt.

Ebenso leuchtet ein, daß eine Verletzung der Auslegungsregeln des §. 252 f., Theil I. Tit. 5, A. L. R. nur dann mit Erfolg zu behaupten ist, wenn der Richter in der Auslegung dieser Gesetze rechtlich irrt.

§. 4.

Die Einlegung der Nichtigkeitsbeschwerde hält die Vollstreckung des angefochtenen Erkenntnisses nicht auf, es sei denn, daß durch die Vollstreckung ein unersetzlicher Schaden entstände.

Es ist jedoch der Verurtheilte die streitige Sache oder Summe in gerichtlichen Gewahrsam zu geben, und, wenn der Prozeß andere Verpflichtungen zum Gegenstande hat, eine vom Richter festzusetzende Kaution zu bestellen nnd sich dadurch vor der wirklichen Vollstreckung des Erkenntnisses zu schützen befugt.

§. 5.

Die dem Verurtheilten im zweiten Absatze des §. 4 beigelegte Befugniß ist in allen Fällen ausgeschlossen, wo nach gesetzlicher Vorschrift ein Erkenntniß, des eingelegten ordentlichen Rechtsmittels ungeachtet, vollstreckbar ist.

Die Aufhebung eines Arrestes, auf welche in dem angefochtenen Urtheil erkannt worden ist, wird durch die Nichtigkeitsbeschwerde nicht aufgehalten.

Ist die Vollstreckung des angefochtenen Erkenntnisses von der Ableistung eines Eides abhängig, so bleibt die Abnahme desselben bis zur Entscheidung über die Nichtigkeitsbeschwerde ausgesetzt. Es muß aber derjenige, welcher im Falle, daß der Gegner den Eid ausschwört, etwas zu zahlen oder sonst etwas zu leisten hat, auf dessen Antrag, insofern dieser sich zur Ableistung des Eides ausdrücklich bereit erklärt, den streitigen Gegenstand nach Vorschrift des §. 4 deponiren oder dafür Kaution bestellen, und wenn es auf Entrichtung laufender Alimente ankommt, diese zahlen. Dasselbe tritt jederzeit ein, wenn der Implorant für den Fall der Nichtableistung eines Eides verurtheilt worden ist.

„Ist es ferner nicht mehr Zweck der dritten Instanz, den ganzen Rechtsstreit noch einmal der Cognition des Richters zu unterwerfen, um durch diese wiederholte Prüfung eine verstärkte Bürgschaft für die Gerechtigkeit der Entscheidung zu erhalten, sondern soll dieselbe nur dazu dienen, die richtige Anwendung der Gesetze zu sichern und die Partheien gegen eine Ueberschreitung der richterlichen Gewalt zu schützen: so ändert sich hiermit auch die Natur des Rechtsmittels. Dieses hört auf, ein ordentliches zu sein, und wird zum außerordentlichen, was von Einfluß ist, sowohl auf seine Wirkungen als auf die Bedingungen seiner Zulassung. — Es darf ihm keine aufschiebende Wirkung beigelegt werden. Denn, daß die vom Staate angestellten Richter die Grenzen ihrer Befugniß überschritten oder das Gesetz verletzt haben, kann nicht vermuthet werden, und ein Urtheil also, das aus diesem Grunde angefochten wird, muß so lange als rechtskräftig gelten und in Vollzug gesetzt werden, bis die behauptete Nichtigkeit dargethan ist.“

Aus diesen Sätzen des Revisors folgt, daß die §§. 4 und 5 nicht zu billigen sind. Die Bestimmungen sind auch nicht gerecht. Darf der Verurtheilte stets und ohne Ausnahme deponiren, so wird die Lage des Gegners, welchem für Monate das Capital entzogen worden, verschlimmert. Soll die Frage, ob die Vollstreckung des Urtheils zu inhibiren, ohne Urtheil und Recht, durch einfache Verfügungen erledigt werden, so hemmt diese Executions-Instanz ohne geordneten Rechtsgang die Einsendung der Acten an das Ober-Tribunal und führt zu Weiterungen und Inconsequenzen, welche sehr wohl zu vermeiden.

Die Vollstreckung eines auf Eid lautenden Urtheils läßt sich logisch nicht rechtfertigen.

Die Bedingung:

> insofern sich dieser zur Ableistung des Eides ausdrücklich bereit erklärt,

ist eine condicio inutilis. Die Praxis lehrt, daß dieses Erbieten mit dem Antrage auf Execution stets verbunden ist.

Ich würde vorschlagen:

> Die Nichtigkeitsbeschwerde hat keine aufschiebende Wirkung. Der Appellationsrichter ist jedoch berechtigt, zugleich mit dem Urtheil über die Hauptsache die sofortige Vollstreckung zu verbieten oder nur gegen Caution zuzulassen, oder die Berechtigung zur Deposition auszusprechen.

Ich verweise auf die §§. 112 u. 186 des Anhangs zur A. G.-O. Der §. 186 lautet:

> Ist der Beklagte in erster Instanz verurtheilt, in zweiter aber losgesprochen und von dem Kläger dagegen revidirt worden; so hat die Vollziehung des ersten Erkenntnisses nichtsdestoweniger so lange ihren Fortgang, bis das zweite Urtel rechtskräftig geworden ist.

Härte gegen den unglücklichen Schuldner wird daher meinem Vorschlage wohl nicht vorzuwerfen sein.

§. 6.

Die Frist zur Anmeldung der Nichtigkeitsbeschwerde beträgt sechs Wochen, vom Tage der Zustellung des ausgefertigten Erkenntnisses an die Parthei oder deren Stellvertreter an gerechnet.

Diese Frist wird für den Fiskus, Stadt- und Landgemeinden, privilegirte Korporationen, Kirchen und alle öffentlichen Armen- und Schul-Anstalten und unter Vormundschaft und Kuratel stehende Personen verdoppelt.

Eine Verlängerung der Frist und eine Wiedereinsetzung in den vorigen Stand gegen die versäumte Frist findet nicht statt.

Ich vermag für die Bestimmung so weiter Fristen keinen Grund zu finden. Gewährte die Allg. Ger.-Ordn. Th. I. Tit. 14. §. 21,

Th. I. Tit. 15. §. 5 für die Anmeldung des Rechtsmittels nur eine zehntägige Frist, — ist über die zu große Kürze dieser gemeinrechtlichen Frist niemals Beschwerde geführt worden, so dürfte auch dermalen eine 10=, höchstens 14tägige Frist für die Anmeldung vollständig genügen. In dritter Instanz sind Nova nicht zulässig. Die Parthei wird daher, wenn es sich um die Einlegung des Rechtsmittels handelt, dem Rathe ihres Anwaltes folgen müssen und sie wird binnen 14 Tagen sehr wohl einen Entschluß fassen können. Auch das Interesse des Siegers ist zu berücksichtigen: Er kann verlangen, daß die Sache nicht unnütz in der Schwebe ge- und erhalten werde.

Dasselbe gilt von den Doppelfristen. Mir scheint, daß die Rechte der Prozeß führenden Partheien durchaus gleich sein müssen und daß dieser Grundsatz ohne Ausnahme zur Geltung zu bringen ist. Man wird der Gerichtsordnung die Anerkennung nicht versagen können, daß sie mit seltener Humanität der Eruirung des materiellen Rechts jedes Opfer gebracht; sie kennt dieses Privilegium der 12 Wochen nicht.

§. 7.

In den nachstehenden im schleunigen Prozesse zu verhandelnden und zu entscheidenden Sachen:

1) im Wechselprozeß,
2) in Arrestsachen, die nicht mit der Hauptsache zugleich verhandelt werden,
3) in Bausachen, wenn von einem schon wirklich angefangenen Bau die Rede ist, dessen Fortsetzung oder Kassirung von dem Ausfalle des Prozesses abhängt,
4) in Subhastationsprozessen, wenn gegen das Adjudikations=Erkenntniß die Nichtigkeitsbeschwerde eingelegt wird,

ist die Anmeldungsfrist drei Tage und wird niemals verdoppelt.

In den Landestheilen, wo die Allgemeine Gerichts=Ordnung Geltung hat, kommt diese Bestimmung auch im eigentlichen Merkantilprozesse (Prozeß=Ordnung Titel XXX. §§. 9—47) zur Anwendung.

Dieser Paragraph hat keinen praktischen Zweck. Hat die Nichtigkeitsbeschwerde nicht aufschiebende Wirkung, so ist kein Grund vorhanden, den verurtheilten Verklagten zu beeilen. Er wird von selbst sorgen, schleunig Urtheil zu erwirken. Daß aber der abgewiesene Kläger im Interesse des absolvirten Verklagten zu drängen sei, ist sicher nicht zu behaupten. Wenn in Possessoriensachen die langen Fristen gelten, so kann ich nicht finden, daß sie in Wechselsachen abzukürzen sind. Für das Interesse des Imploranten ist genügend durch den §. 14 a linea 2 gesorgt.

Man glaube übrigens nicht, daß in diesen s. g. schleunigen Sachen ein so rasches Urtheil zu erwirken ist. Es vergehen oft Monate, bevor die Acten eingegangen, die Nichtigkeitsbeschwerde den Imploraten zugestellt und Audienztermin anzuberaumen ist. Ist doch erst neulich in einer Subhastationssache die einfache Zustellung der Nichtigkeitsbeschwerde in sechs Monaten noch nicht zu bewirken gewesen!

Ein beschleunigter Prozeßgang wird unbeschadet der Gründlichkeit auf andere Weise zu erzielen sein. Man verlange nur, daß die Partheien in ihrem ersten Schriftsatz bei einem Anwalt des Kreisgerichts, des Appellationsgerichts und des Ober-Tribunals Domicil wählen. Man zwinge jeden Hypothekengläubiger, bei seinem Eintragungsgesuch im Sitze des Hypothekenrichters Domicil zu nehmen. Man wird an Arbeitskräften, an Geld, an Zeit gewinnen und statt der mit unendlichen Weitläufigkeiten verknüpften, immer gefährlichen Zustellung an die Parthei jeden Act nur an den Anwalt zustellen können. Die Sache ist so neu nicht. Schon der §. 20, Th. I. Tit. 3, Allg. Ger.-Ordn. verordnet:

> Eine jede Parthei, welche nicht am Orte des Gerichts ihren beständigen Aufenthalt hat, ist schuldig, wenn sie auch die Instructionstermine persönlich abwartet, dennoch einen solchen Bevollmächtigten zum Betriebe der Sache zwischen den Terminen zu bestellen.

§. 8.

Zur Form der Anmeldung genügt jede schriftliche oder protokollarische Erklärung der Unzufriedenheit mit dem angefochtenen Erkenntnisse.

Die Anmeldung muß bei der prozeßleitenden Behörde erster Instanz (Gericht, General-Kommission oder die letztere vertretende Regierungs-Abtheilung) geschehen. Diese Behörde hat, wenn die Frist gewahrt ist, die

Akten unter Benachrichtigung der Parteien sofort an das Ober-Tribunal einzusenden, entgegengesetzten Falles das Rechtsmittel zurückzuweisen.

Es ist zu wünschen, daß das „sofort" eine Wahrheit werde. Die Einsicht der gerichtlichen Acten ist nach der ganzen Organisation unseres Verfahrens für den Anwalt ein Bedürfniß. In Subhastationssachen, in denen genügende Manual-Acten nicht existiren können, ist sie eine Nothwendigkeit. Die Acten gehen häufig erst nach Ablauf des Fatale ein.

§. 9.

Für die Einführung und Rechtfertigung der Nichtigkeitsbeschwerde tritt der Anmeldungsfrist (§. 6) eine Frist von vier Wochen, für die schleunigen Sachen (§. 7) dagegen eine Frist von vierzehn Tagen hinzu. Innerhalb der solchergestalt bestimmten Frist muß, ohne daß es einer Aufforderung dazu bedarf, die Nichtigkeitsbeschwerde bei dem Ober-Tribunal schriftlich eingeführt und gerechtfertigt werden.

Nur aus Hinderungsgründen, die in der Sache selbst liegen, kann die Einführungsfrist angemessen verlängert werden.

Ich verweise auf meine Bemerkungen zum §. 7. Ich würde hier folgende Fassung vorschlagen:

> Die Frist zur Einführung der Nichtigkeitsbeschwerde dauert 6 Wochen vom Tage der Zustellung des angefochtenen Urtheils. Die von einem Ober-Tribunals-Anwalt zu unterzeichnende Rechtfertigungsschrift wird bei dem Ober-Tribunal eingereicht.

Das Ober-Tribunal kann die Einführungsfrist verlängern.

Die Worte: „Hinderungsgründe, die in der Sache selbst liegen", scheinen mir nicht zu genügen. Es ist nicht gesagt, wer die Frist angemessen verlängern kann.

§. 10.

Die Zulassung des Rechtsmittels findet nur statt, wenn die Fristen für die Anmeldung und für die Einführung und Rechtfertigung beobachtet sind, wenn die Einführungs- und Rechtfertigungsschrift oder ein innerhalb der Frist eingegangener Nachtrag zu derselben die Beschwerdepunkte bestimmt angiebt (§. 11) und von einem Rechtsanwalte des Ober=Tribunals unterzeichnet ist. Es genügt jedoch die Unterschrift der Partei selbst, oder ihres in ihren Prozessen aufzutreten gesetzlich befugten Stellvertreters, sofern dieselben zu den öffentlichen Behörden oder den zum Richteramte befähigten Personen gehören.

Der §. 10 muß wohl dem bezogenen §. 11 folgen.

Mich dünkt unzulässig, daß Partheien,

insofern sie zu den öffentlichen Behörden, oder den zum Richteramt befähigten Personen gehören,

ihre Schriftsätze selbst fertigen dürfen. Gegen dieses Privilegium odiosum spricht, „daß erfahrungsmäßig jene bevorzugten Imploranten oft Nichtigkeitsbeschwerden eingereicht haben, die, ohne ihnen selbst nützlich zu sein, das Ober=Tribunal mit einem Schwall unnützer Angriffe behelligen, wie es bei der bekannten Blindheit der Juristen in ihren eigenen Sachen kaum anders erwartet werden kann.“

Ich gebe gern zu, daß der Staat keine Bevormundungsmaschine sein darf. Daraus folgt aber noch nicht, daß er zum großen Schaden aller Betheiligten, der Richter und der Partheien, privilegia odiosa ertheilen darf. Kein Arzt kann sein eigener Arzt sein, wenn er erkrankt darnieder liegt.

Ich fürchte nicht, daß irgend wer den Verlust dieses Privilegiums von der traurigsten Gestalt colossalster Schriftsätze bejammern wird. Bei unseren complicirten Verhältnissen ist nun einmal Advocatenzwang so nothwendig, als die Befreiung und Freigebung der Advocatur. Daß aus den alten und bewährten Advocaten das Richteramt ergänzt wird, scheint eben so geboten, als unnatürlich, daß alte Richter zur Verbesserung ihrer Lage zu jungen Anwälten umgewandelt werden.

§. 11.

Aus der Angabe der Beschwerdepunkte muß hervorgehen,

1) ob die ganze Entscheidung oder nur ein Theil derselben, und welcher, angefochten wird;
2) durch welche Entscheidungsgründe oder durch welche aus den Entscheidungsgründen nicht hervorgehende Handlung

oder Unterlassung des Richters nach der Behauptung des Imploranten ein Rechtsgrundsatz verletzt oder unrichtig angewendet ist.

Wenn die gerügte Handlung oder Unterlassung nicht durch das Erkenntniß festgestellt wird, so müssen die Verhandlungen oder Schriftstücke, durch welche die der Beschwerde zum Grunde liegende Behauptung dargethan werden soll, genau bezeichnet werden.

Die unterlassene oder unrichtige Angabe des verletzten Rechtsgrundsatzes ist auf die Zulassung des Rechtsmittels ohne Einfluß.

Dieser Paragraph beruht meines Erachtens auf einem durchaus irrigen Prinzip. Ich halte ihn geeignet, die richterliche Gewalt zu einer willkürlichen Gewalt umzuschaffen. Wenngleich daher die Motive nur den Gedanken zu begründen suchen:

die Substantiirung der Nichtigkeitsbeschwerde ist durch einen ungerechtfertigten Formalismus erschwert,

so erscheint dennoch nothwendig, die einzelnen Sätze zu widerlegen.

Wird die thatsächliche Wahrheit durch zweier Zeugen Mund erbracht, so führt in Fragen dieser Art nur der Kampf der Geister, der Widerspruch, zur Wahrheit.

Die bisherige Gesetzgebung forderte die bestimmte Angabe der gesetzlichen Vorschriften oder der Rechtsgrundsätze, deren Verletzung behauptet wird. Die Motive besagen nun:

Eine Bestimmung, zufolge welcher dem wirklich verletzten Rechte nicht Hülfe werden soll, weil die Norm nicht richtig bezeichnet worden sei, gegen welche der Richter gefehlt habe, widerspricht nun aber auf das Entschiedenste dem Rechtsgefühle; sie hat außerdem die größten praktischen Nachtheile in ihrem Gefolge.

Die Nichtigkeitsbeschwerde ist ein außerordentliches Rechtsmittel. Ihr Wesen besteht darin, daß dem zweiten Richter vorgeworfen wird, er habe ein bestimmtes Gesetz verletzt. Sie ist eine Anklageschrift der Gründe. Nur dann kann und darf sie zu einem Erfolge führen, wenn der Ankläger die Anklage formulirt; wenn er darthut, welches Gesetz verletzt worden, wenn er durch seine Ausführung diesen Beweis zu erbringen vermag. Von einem wirklich verletzten Rechte ist eben nur Frage und Rede, wenn nachgewiesen, daß das Recht wirklich verletzt worden. Der Richter steht über den Partheien. Die Partheien sind hier der Implorant, der Ankläger und der zweite Richter, dessen Vertreter der Implorat ist. Soll der dritte Richter selbstständig prüfen, ob eine Rechtsverletzung vorliege, so übernimmt er die Rolle des Anklägers und macht dem Imploraten unmöglich, sich zu vertheidigen. In den Instanzen handelt es sich um das Factum. Die Partheien müssen die ihnen günstigen Thatsachen vorführen und beweisen. Sind sie beweisfällig, so unterliegen sie trotz Rechtsgefühl und materiellem Recht. In der dritten Instanz ist das verletzte Gesetz gleichsam das Factum.

Der Entwurf ist inconsequent, wenn er jeden Schutz gegen Actenwidrigkeiten versagt, wenn er stets von der „Anfechtung" des zweiten Urtels spricht und trotz dessen von der Schrift, streng genommen, nur folgenden Inhalt fordert:

> Kläger, durch das zweite Urtheil beschwert, weil das erste, wie geschehen, geändert, führt die Nichtigkeitsbeschwerde ein, behauptet, daß die sämmtlichen Gründe des zweiten Richters rechtsverletzend und bittet:
>
> das zweite Urtheil zu vernichten.

Jura vigilantibus dantur. Die Rechtsprechung des dritten Richters wird durch die Thätigkeit der Anwälte vermittelt. Diese vertreten weder das democratische noch das conservative Element in der Jurisprudenz. Sie sind die Werkleute, welche die Waage belasten, damit demnächst der Richter die unendlich schwierige Arbeit des gerechten Abwägens bewirke. Gewichte, welche nicht auf die Waage gelegt, fallen nicht in's Gewicht. Es ist zu bedauern, daß oft genug das Recht von der geringeren oder größeren Geschicklichkeit, Kenntniß und Energie der Anwälte abhängt, aber auch die Weisheit des Richters kann irren. Es ist auch ein Unglück, daß Leben und Gesundheit oft genug der Geschicklichkeit der Aerzte anvertraut werden muß; aber es ist das ein allgemeines Unglück, mit dem man sich aussöhnt. Bevormundung rächt sich nirgend rascher und tiefer, als auf dem Gebiete des Rechts. Man darf nicht im Interesse der Gerechtigkeit gegen den nicht gehörten Imploraten ungerecht sein.

Daß die Auffassung des §. 11 prinzipiell nicht zu billigen, wird dann in der That nicht bestritten. Practische Gründe sollen jedoch vorwiegen.

In vielen Fällen, bemerken die Motive, werden selbst die tüchtigsten Rechtsgelehrten, indem sie über das Vorhandensein einer Rechtsverletzung einig sind, darüber verschiedener Meinung sein können, welches Gesetz denn eigentlich das verletzte oder unrichtig angewendete sei. Häufig fehlt es an einem bestimmten Gesetze; bei zweifelhaften Fragen sind es die den verschiedenen Gesetzesvorschriften zum Grunde liegenden, aus ihnen zu entnehmenden Prinzipien, welche die Entscheidung als richtig oder unrichtig erscheinen lassen. Ob nun der Grundsatz aus gewissen Paragraphen hinreichend hervorgehe, oder ob noch andere herangezogen werden müssen, darüber kann man häufig streiten; noch mehr aber darüber, ob der erst zu abstrahirende Rechtsgrundsatz in dieser oder in jener Weise zu formuliren sei, und ob durch den formulirten die Frage, auf welche es ankommt, vollständig getroffen werde.

Unter solchen Umständen muß, damit das Rechtsmittel nicht an der Form scheitere, der Rechtsanwalt alle Gesetze, in welchen möglicherweise die Gesetzesverletzung gefunden werden könne, als verletzt bezeichnen, um sicher zu sein, daß er nicht dasjenige ausgelassen habe, welches der Nichtigkeitsrichter als das eigentlich verletzte ansieht. Ebenso wird er nach den verschiedenen möglichen Gesichtspunkten Rechtsgrundsätze formuliren und als verletzt bezeichnen, um der Gefahr zu entgehen, daß der Nichtigkeitsrichter nicht etwa die von dem Rechtsanwalte hervorgehobenen Rechtsgrundsätze, sondern irgend einen anderen als verletzt betrachte, und demgemäß, der anerkannterweise vorgefallenen Rechtsverletzung ungeachtet, das Rechtsmittel zurückweise.

Solchergestalt wird der Rechtsanwalt genöthigt, neben dem eigentlichen Angriffspunkte noch andere aufzustellen, welche nach seiner persönlichen Meinung nicht die durchgreifenden sind. Er kann aber nur dann in einer seinem Beruf entsprechenden Weise zur Findung des Rechts mitwirken, wenn er in der Lage ist, die begangene Rechtsverletzung nach seiner eigenen Rechtsanschauung darzulegen und gründlich auszuführen, sicher, daß der Richter nicht verhindert sei, zu dem Ziele, auf dessen Erreichung es ankommt, zu der Aufhebung der Rechtsverletzung auch dann zu gelangen, wenn der Weg zu diesem Ziele ein anderer, als der von dem Rechtsanwalte bezeichnete, sei.

Diese rein practischen Momente scheinen mir just der bestehenden Gesetzgebung das Wort zu reden. Fehlt es an einem bestimmten Gesetze, so kann das Recht nur gewinnen, wenn die analogen Gesetze vorgeführt, wenn alle Gesichtspunkte erörtert werden. Wer bei jedem Paragraph des Landrechts die sämmtlichen Parallelstellen, die einschlagenden Bestimmungen des römischen Rechts verzeichnen wollte, würde sicher ein dankbares Werk beginnen.

Liest man die Motive, so möchte man glauben, daß die Nichtigkeitsbeschwerde in den meisten Fällen verworfen wird, weil der Anwalt es unterlassen, das richtige Gesetz anzuführen. Meines Wissens ereignet sich dieser Fall unendlich selten, vielleicht ein einziges Mal in 1000 Sachen, und auch dann vielleicht nur nach der Ansicht des Urtelsfassers.

Für Casus insolitissimi hat das Gesetz nicht zu sorgen. Ein Gelegenheitsgesetz dieser Art hat weder Grund, Zweck noch Halt.

„Nicht minder wird in Folge des hervorgehobenen Mangels nach den Motiven die Thätigkeit des obersten Gerichtshofes nach einer ganz verkehrten Richtung hin in Anspruch genommen. Statt der durch die Natur der Sache gebotenen Aufgabe, die Rechtsansicht des Apellationsrichters seiner Beurtheilung zu unterwerfen, und zu untersuchen, ob durch dessen Entscheidung diejenigen Rechtsgrundsätze verletzt seien, auf welche es in der Sache ankam, ist er auf die Prüfung angewiesen und beschränkt, ob die Rechtsansicht des Imploranten darüber, daß die von demselben bezeichneten Rechtsgrundsätze verletzt seien, richtig sei oder nicht. Statt das Ziel, die Darlegung der Gesetzlichkeit oder Ungesetzlichkeit der Entscheidung auf geradem Wege verfolgen zu können, ist er genöthigt, die verschiedenen Wege, auf welchen Implorant jenes Ziel erreichen zu können glaubt, mit zu durchwandeln, um, wenn sich dieselben als Irrwege zeigen, auszusprechen, daß die Erreichung des Zieles nicht möglich sei, und zwar blos deshalb nicht, weil diese Irrwege nicht dahin führten. Und wenn dem Rechtsanwalte die nutzlose Mühe, diese Wege, obgleich er sie selbst als Irrwege ansah, zu bezeichnen, blos deshalb erwuchs, weil er nicht sicher war, daß nicht der eine oder der andere von dem Nichtigkeitsrichter für den richtigen erachtet werden könnte, so entsteht dem obersten Gerichtshofe die eben so nutzlose als lästige Arbeit, von jedem dieser Wege nachzuweisen, daß er nicht der richtige sei.

Ein hinzutretender, nicht geringer Nachtheil, welchen eine so formalistische Behandlung des Rechsmittels durch die Gesetzgebung zur Folge hat, liegt aber in der Gefahr, daß bei den Richtern entweder das rege Gefühl für das materielle Recht nach und nach zum Schweigen gebracht werde, oder daß sich die Richtung geltend mache, die durch das Gesetz gezogenen Schranken auf andere, dem Geiste des Rechtsmittels widerstrebende Weise zu beseitigen. Die letztere Gefahr ist besonders dann groß, wenn neben der Nichtigkeitsbeschwerde ein zur Entscheidung des nämlichen Richters gelangendes Rechtsmittel besteht, welchem, wie der Revision, ein derartiger fehlerhafter Formalismus fremd ist.“

Die Arbeit der Kritik ist niemals nutzlos und lästig. Die Motive führen aus, daß der dritte Richter nicht auf Anrufen der Parthei, nicht audita causa, nicht durch Vermittelung der Anwälte das Recht zu finden habe.

Wir kennen nicht die französische Einrichtung der Cassation im Interesse des Gesetzes. Nur das will ich hervorheben, daß ihr eine sehr eingehende Anklageschrift des General-Staats-Anwaltes vorangehen muß.

Ich habe zu zeigen versucht, daß der dritte Richter nur mit der Nichtigkeitsbeschwerde und nur durch sie mit dem zweiten Urtheil befaßt ist. Mich dünkt, daß der Entwurf, wenn auch verhüllt, den Gedanken ausspricht, es sei die Gewalt des Ober-Tribunals, oder vielmehr der sieben Ober-Tribunale einzuschränken und zu beengen. Ist der Gedanke ein richtiger, so wird durch den §. 11 eine bisheran nicht geahnte Souverainität des Ober-Tribunals eingeführt. Wird die Revision aufgehoben, darf der dritte Richter in der Sache selbst nicht erkennen, werden die beengenden Schranken, die spanischen Stiefel der Nichtigkeitsbeschwerde entfernt, so ist die Gefahr nicht zu befürchten, welche den Entwurf veranlaßt, ein so abnormes Verfahren zu befürworten.

Freilich heißt es sodann:

> Wenn es sich nun darum handelt, die hervorgehobenen Mißstände zu beseitigen, so darf allerdings die Eigenthümlichkeit der Nichtigkeitsbeschwerde nicht außer Acht gelassen werden, als eines Rechtsmittels, durch welches der Nichtigkeitsrichter als solcher nicht zur Entscheidung der Sache, sondern zu einer Kritik des angefochtenen Urtheils angerufen wird. Allein den aus dieser Eigenthümlichkeit entspringenden Anforderungen geschieht vollkommen Genüge, wenn außer der Erklärung, inwieweit die Vernichtung der Entscheidung selbst (des Tenors des Urtheils) begehrt wird, aus der Beschwerde hervorgeht, durch welche Entscheidungsgründe, oder durch welche aus den Entscheidungsgründen nicht zu entnehmende Handlung oder Unterlassung des Richters ein Rechtsgrundsatz verletzt oder unrichtig angewendet sein soll. Indem solchergestalt an die Stelle der Angabe des verletzten Rechtsgrundsatzes die Angabe derjenigen konkreten richterlichen Thätigkeit tritt, welche der Implorant als einen Rechtsgrundsatz verletzend betrachtet, wird nicht minder, wie bisher, der Nichtigkeitsrichter um eine Kritik des angefochtenen Urtheils angegangen, und zwar in einer Weise, welche den Imploraten zu einer Vorbereitung seiner Vertheidigung vollkommen in den Stand setzt.
>
> In diesem Sinne ist der §. 11 des Entwurfs abgefaßt worden.
>
> Wenn es in demselben heißt, daß die unterlassene oder unrichtige Angabe des verletzten Rechtsgrundsatzes auf die Zulassung des Rechtsmittels ohne Einfluß sei, so versteht es sich

von selbst, daß der Zweck der vorgenommenen Abänderung nur dahin geht, die Substantiirung der Nichtigkeitsbeschwerde von Formvorschriften, insoweit dieselben den Erfolg des Rechtsmittels gefährden und praktische Nachtheile herbeiführen, zu befreien, nicht aber der möglichst bestimmten Hervorhebung der verletzten Rechtsgrundsätze entgegenzutreten. Diese liegt im Interesse der Partheien und der Anwalte, und sie wird in den Rechtfertigungsschriften der zu deren Anfertigung allein befugten Rechtsanwalte des Ober-Tribunals nicht fehlen, insoweit sie zu einer gründlichen Rechtsausführung gehört.

Das oben mitgetheilte Schema beweist, daß diese Erwägungen ohne Gewicht sind. Ich kann aber nicht zugeben, daß Mißstände hervorgetreten oder zu beseitigen sind, und daß die Angabe des verletzten Gesetzes ein fehlerhafter Formalismus ist.

Ich behaupte, daß es mit Rücksicht auf den §. 11 sehr oft im Interesse der Parthei liegen wird, Beschwerdeschriften einzureichen, welche meinem Rezept entsprechen. Jeder Mensch ist ein geborner Reformator und Critiker. Tritt der Richter sofort in die Critik des zweiten Urtels ein, so wird sein berechtigter furor reformandi zu unbegrenzter Thätigkeit gerufen. Hat er nur die Gründe des Imploranten zu prüfen, so wird auf diesen furor reformandi in heilsamer Weise reagirt. Die jetzigen Revisionsbeschwerden besagen oft nur, daß man, gestützt auf die Gründe des ersten Richters und die diesseitigen Schriftsätze, Aenderung des zweiten Urtheils beantrage.

Der Entwurf greift hundert Jahre zurück. Nach dem Corpus juris Friedr., Th. I. Tit 15, §. 6, sollte in revisorio **gar kein Verfahren** stattfinden, sondern der Revisionsbericht eine bloße Anzeige der Gravaminum enthalten und dem Gegentheil nur zur Nachricht communicirt werden. Das Erkenntniß sollte lediglich nach den Acten der ersten und zweiten Instanz abgefaßt werden; §. 10, 11. Daher auch die Benennung: Revision. Allein man fand bald, daß der Richter nicht wohl ein Urtheil sprechen könne, ohne die Partheien zuvor gehört zu haben. Nach der Instructionsmaxime mochte jene

Bestimmung sich rechtfertigen. Nach der Verhandlungsmaxime kann sie nicht bestehen. Hält man einmal für nothwendig, daß besondere Tribunals-Anwälte bestehen, so muß man ihnen doch auch eine würdige Stellung einräumen. Der §. 11 erklärt die Tribunals-Anwälte für überflüssig; er erniedrigt sie zu Procuratoren. Besser, daß man dann das ganze Institut beseitigt.

Im Einzelnen ist die Fassung des §. 11 nicht erschöpfend. Die Zulassung war auch bisheran nicht abhängig von der Angabe des verletzten Rechtsgrundsatzes.

Die Angabe der Beschwerdepunkte ist ein unnöthiger Zopf; er wird, wie auch die Rechtsprechung angenommen, durch den Antrag ersetzt.

Nach dem Vorbilde des Gesetzes vom 13. Oktober 1843 möchte sich folgende Vorschrift empfehlen:

> In der Rechtfertigungsschrift müssen die Nichtigkeitsmittel einzeln und abgesondert angegeben und bei jedem Nichtigkeitsmittel mit Hinweisung auf die im Prozesse vorgekommenen Thatsachen die Gesetze und Rechtsgrundsätze angeführt werden, von welchen der Implorant behauptet, daß sie durch das angefochtene Urtheil verletzt worden.
>
> Werden Omissionen und Aktenwidrigkeiten gerügt, so müssen die Schriftstücke, durch welche die der Beschwerde zum Grunde liegende Behauptung dargethan werden soll, bezeichnet werden.

Daß der Anwalt die in der Denkschrift angegebenen Nichtigkeitsmittel in der öffentlichen Sitzung weiter ausführen und vertheidigen darf, daß die Beschwerde nicht um deswillen zu verwerfen, weil der Rechtsgrundsatz richtig, aber nicht ganz erschöpfend formulirt, bedarf der Ausführung nicht.

Das Wesen des Rechtsmittels bringt mit sich, daß der Richter sich auf die Critik des Angriffs beschränkt. Es ist durchaus unzulässig, daß das Urtheil die Beschwerde verwirft, weil nicht ein anderes Gesetz unter Angriff gestellt ist. Die Gefahr liegt daher nicht vor, daß das Rechtsgefühl der Parthei durch den Fehlgriff des Anwaltes gekränkt werden kann.

§. 12.

Der Rechtsanwalt, welcher die Nichtigkeitsbeschwerde einführt, muß sich durch eine Vollmacht oder ein Schreiben legitimiren, und ist, wenn dies nicht spätestens bis zu der im Urtheil dazu festzusetzenden Frist geschieht, in Stelle der Partei für alle Schäden und Kosten persönlich verhaftet.

Der Vollmachtspunkt führt zu sehr fatalen Weiterungen. So lange das jetzige Salarien-Kassenwesen besteht, wird die Vollmacht nicht zu entbehren sein. Man würde dem Staat erhebliche Kosten ersparen, die Einnahmen des Justiz-Fiskus gar sehr erhöhen, die Salarienkassen fast ganz beseitigen, wollte man verordnen:

> Jeder Klage, Berufungsschrift und Nichtigkeitsbeschwerde ist die Quittung beizufügen, daß die Kosten der Instanz bezahlt sind.

In Hypothekensachen wird das Document nur gegen Zahlung der Kosten ausgeantwortet. Ich kann nicht finden, warum die streitige Gerichtsbarkeit nachsichtiger sein soll, als die freiwillige. Für die Interessen der Armen ist freilich in umfassender Weise zu sorgen. Die Gerichtsordnung und die Verordnungen vom 16. Februar 1823 und 25. Mai 1831 enthalten die richtigen Prinzipien. Wie die Sachen jetzt liegen, ordnet das Ober-Tribunal Jedem, welcher darum ersucht, einen Offizial-Anwalt zu. Ein Armuthsattest wird nicht verlangt. In Revisionssachen muß der Anwalt das Rechtsmittel, mag die Sache noch so frivol sein, einführen. In Nichtigkeitssachen rechtfertigt er die Nichtigkeitsbeschwerde, wenn es nur irgend thunlich ist. Man führt lieber ein nicht begründetes Rechtsmittel für eine angebliche Persona miserabilis ein, als daß man den leisesten Verdacht erregt, man wolle für sie Mühe und Arbeit scheuen. Ist dies verzeihlich, so ist doch auch das Interesse des Gegners zu berücksichtigen. Der Fall ist so selten nicht, daß der Implorant nur um deswillen die Instanzen verfolgt, um dem Gegner Kosten zu verursachen.

Im §. 12 scheint übersehen, daß auch der Anwalt des Imploraten der Vollmacht bedarf. Es dürfte zu bestimmen sein, daß der Anwalt ohne Vollmacht dem Gericht und dem Gegner für alle

Schäden und Kosten haftet und zwar mit Vorbehalt seines Regresses an seinen Machtgeber, wenn dieser die Schuld trägt.

§. 13.

Die zugelassene Einführungsschrift wird dem Gegner zur schriftlichen Beantwortung innerhalb einer vierwöchentlichen Frist mitgetheilt. Dasselbe geschieht, wenn ein Nachtrag rechtzeitig eingereicht worden ist.

Auf die Beantwortungsschrift findet die in dem §. 10 enthaltene Bestimmung über die Unterzeichnung ebenfalls Anwendung.

Das Wort „zugelassene“ erscheint entbehrlich. Ueberſehen ist dagegen, daß die Beantwortungsschrift dem Anwalte des Imploranten mitzutheilen ist.

§. 14.

Nach Ablauf der Frist (§. 13) wird ein Termin zur mündlichen Verhandlung bei dem Ober-Tribunal anberaumt.

In schleunigen Sachen (§. 7) ist mit der Mittheilung der Einführungsschrift sofort die Ansetzung des Termins zur mündlichen Verhandlung zu verbinden. Dem Imploraten steht es frei, vor diesem Termin eine Beantwortung dem Ober-Tribunal einzureichen.

Die Vorladung der Parteien zur mündlichen Verhandlung und Entscheidung kann in Ermangelung anderer zur Empfangnahme bestellter Bevollmächtigten gültig zu Händen der Rechtsanwalte insinuirt werden, welche die eingereichten Schriftsätze unterzeichnet haben.

Für die letzte a linea würde ich vorschlagen:

Die Vorladung erfolgt zu Händen der bestellten Anwälte.

§. 15.

Zur Verhandlung und Entscheidung ist die Anwesenheit von mindestens sieben Mitgliedern des Ober-Tribunals erforderlich.

Als Vertreter der Parteien können nur Rechtsanwalte des Ober-Tribunals zugelassen werden.

Es ist ein Protokoll über den Verhandlungs-Termin aufzunehmen.

Das Wort „mindestens“ besagt, daß auch die Anwesenheit von mehr als sieben Mitgliedern nicht verboten ist. Es frägt sich, wie es bei Stimmengleichheit zu halten ist?

Die Gerichtsordnung erklärt Th. III. Tit. 2. §. 17:

> vielweniger sollen sie (die Präsidenten) sich im Collegio selbst eines despotischen Ansehens anmaßen, den Räthen ihr freies Votum verschränken oder gar ihre Meinung gegen das Conclusum Collegii durchsetzen wollen,

und giebt demnächst den Präsidenten in demselben Paragraphen bei Stimmengleichheit die entscheidende Stimme. Für die dritte Instanz ist dagegen §. 7. Th. I. Tit. 15. Allg. Ger.=Ordn. maßgebend:

> Die vorigen Urtheile sind zu bestätigen, wenn auch gleich der Präsident oder Chef des Collegii der entgegengesetzten Meinung gewesen wäre.

Die Reichs=Kammer=Gerichtsordnung vom Jahre 1555 verordnet Th. I. Tit. 13. §. 10:

> Und so sich's begäbe, daß die Assessores in Votis spännig und in zwei gleiche Theile zerfielen,

die Zuziehung der anderen Richter. Auf demselben Princip beruht der französische Prozeß.

Man entgeht allen diesen Distinctionen, wenn man verordnet:

> Jedes Urtheil des Ober=Tribunals muß von sieben Richtern, mit Einschluß des Präsidenten, erlassen sein.

Wenn je, so muß für den höchsten Gerichtshof das Wort: „Man soll die Stimmen wägen und nicht zählen", seine Berechtigung haben. Es ist daher nicht zu wünschen, daß mehr als sieben Richter an dem Urtheil mitwirken.

§. 16.

Bei der mündlichen Verhandlung giebt zuvörderst ein Mitglied des Gerichtshofes eine einleitende Uebersicht der Prozeßlage.

Sodann werden die Rechtsanwalte der Parteien zum mündlichen Vortrage der Sache, zur Ausführung der Nichtigkeitsbeschwerde und beziehungsweise zur Gegenausführung verstattet.

Ist keine der Parteien erschienen oder vertreten, so ergeht, nachdem die Sache durch das vorbezeichnete Mitglied des Gerichtshofes vorgetragen worden, die Entscheidung nach Lage der Akten.

Die bisheran bei dem Ober=Tribunal adoptirte Praxis ist in Betreff des Referirens diese:

Nach Eingang der Schriftsätze wird ein Referent ernannt. Dieser fügt dem schriftlichen Referat ein schriftliches Votum bei. Nach Einreichung dieser Arbeiten wird der Audienztermin anberaumt. Das Referat wird verlesen; die Anwälte werden gehört und nachdem sie sich zurückgezogen, wiederum das Votum verlesen.

Man hat über dieses Verfahren bemerkt:

> Der einleitende Vortrag kann und soll nicht die Bestimmung haben, die Grundlage der Entscheidung zu geben. Wird letztere Richtung verfolgt, dann gelangt man zu dem Requisite eines vollständigen Acten-Extracts, wie sie üblich geworden sind, einer geistlosen Arbeit, deren Verlesen gewiß ganz ungeeignet ist, die Aufmerksamkeit des Zuhörers auf die successive vorgeführten Punkte zu fesseln, die also dem Zwecke keineswegs genügt. Die Stellung des Anwalts wird aber ganz schief durch diese Procedur. Er kennt das Referat nicht vorher, er möchte Wiederholungen vermeiden und doch sieht er sich zu einem gründlichen und durchdachten Plaidoyer außer Stande, wenn er nicht den Vortrag des Facti mit seiner rechtlichen Ausführung verbindet. Denkt man sich das Referat als die Grundlage der Aperzeption des Richters, und den mündlichen Vortrag als eine Art beigefügter Deduction, so erscheint dieser Vortrag oft überflüssig. Soll aber, wie es der Geist des Gesetzes mit sich bringt, der mündliche Vortrag die Grundlage der Aperzeption bilden, sollen neben demselben die wesentlichen Stellen der Acten in originali eingesehen werden, dann ist doch gewiß jener schwerfällige Acten-Auszug überflüssig 2c.
>
> Neben dem Referate erfordert das Gesetz von dem Referenten nicht die Abgabe und Ausarbeitung eines Voti. Dies ist auch ganz dessen Geiste entsprechend. Denn soll die mündliche Verhandlung erst die Grundlage der Entscheidung sein, so muß der Vortragende, wie jedes andere Mitglied des Collegii, abwarten, was die Partheien zur Ausführung ihrer Rechte im Termin vortragen werden. Dies

bildet ganz eben so gut einen Theil der Partei-Erklärungen als der Inhalt der schriftlichen Acten: giebt er ein Votum ab, ehe er dies vernommen hat, so ist das ein voreiliges Votum, wenn man will ein votum non plenitus audita parte etc.

Es ist der menschlichen Natur nicht leicht, von einer formell ausgesprochenen Ansicht abzugehen, das förmliche Votum steht, wie ein Wall gegen die bessere Ueberzeugung, die sich inzwischen und namentlich durch die mündliche Verhandlung darbieten kann &c.

Der Haupt-Nachtheil des üblich gewordenen Verfahrens besteht aber darin, daß die Gewißheit, einem vom Referenten bereits entworfenen Urtheile gegenüber zu sprechen, das Gewicht der mündlichen Verhandlung in den Augen der Rechtsanwälte selbst herabdrückt, sie als eine entbehrliche Zuthat erscheinen läßt &c.

Die Schwierigkeit, das Referat in einer irgend genießbaren Form zu geben, wird in der weiteren Instanz noch erhöht, vorzüglich aber ist in Nichtigkeitssachen ein usus eingetreten, der zur größten Belästigung der Referenten gereicht, ohne irgend etwas zur Förderung der Sache beizutragen. Die Gründe des angefochtenen Erkenntnisses müssen zur Kenntniß des Collegii kommen. Das geschieht nun nicht durch das einfache Mittel des Vorlesens, sondern der Referent extrahirt die Gründe mit Uebersetzung in die indirecte Redeweise, und läßt dann einen Extract aus der Nichtigkeitsbeschwerde folgen, während doch diese Beschwerde in originali dem Gerichte vorliegt und der Mann, der sie vertheidigen soll, vor ihm steht, und keiner Mittelsperson bedarf.

Es ist gewiß, daß sehr häufig mehr als zwei Drittel der ganzen Arbeit auf diesen mechanischen Theil derselben fällt, und daß beim Geschäfts-Ueberdrange die geistige Durchdringung der Sache leicht nicht den Raum behalten kann, der ihr gebührt.

Es wird dem wenig zuzufügen sein. Zwischen der Ablieferung des Referats und dem Audienztermine liegen oft Monate. Dem Referenten ist inzwischen die Sache völlig fremd geworden. Wird man ihm, dem Vordenker des Senats, verargen, wenn er während des Plaidoyers seine Blicke auf das Votum richtet. Es ist richtig, daß von den Richtern gefordert werden darf, daß ihre Referate Alles dasjenige leisten, was überhaupt dieses von der Relation durchweg verschiedene Referat leisten kann. Man kann und darf aber von ihnen nicht zugleich fordern, daß sie, auf das Papier gebückt, nun auch mit lauter Stimme, mit trefflichem Vortrage das Referat vorlesen. Und doch, das beste Referat geht spurlos vorüber, wenn es nicht gut vorgelesen wird.

Das Plaidoyer und das Referat sind natürliche Feinde. Man kann darüber streiten, ob das schriftliche Verfahren größere Garantien gewährt, als das mündliche. Man kann aber nicht behaupten, daß die Zwitternatur des jetzigen Verfahrens irgend wen befriedigt.

Vielleicht erfüllt der folgende Vorschlag jede berechtigte Forderung. Es ist dieser. Dem Ober-Tribunal sind die Urtheile zweiter Instanz und die beiden Satzschriften dritter Instanz in sieben, womöglich gedruckten Exemplaren zu übergeben. Diese Schriftstücke werden zeitig vor dem Audienztermin den sieben Richtern behändigt und ihnen zugleich der Termin angezeigt. In der Audienz wird plaidirt und demnächst der Referent ernannt. Dieser bereitet den Urtelsentwurf vor und läßt ihn in schwierigen und verwickelten Sachen bei den Mitgliedern circuliren. Das Collegium schreitet schließlich zur Deliberation.

Ein solches Verfahren scheint mir jede Garantie zu gewähren. Die Advocaten sprechen dann nicht gegen ein feststehendes Votum; sie wollen vielmehr durch die Kraft ihrer Gründe, durch die Lebendigkeit ihrer Ueberzeugung, durch die Wärme ihres Vortrages bei der Findung dieses Votums mitwirken.

Ein überrumpeltes Urtheil ist undenkbar. Die sämmtlichen Mitglieder sind durch das Plaidoyer, durch das Urtheil zweiter Instanz und die Satzschriften in den Stand gesetzt, sich ein selbstständiges

Urtheil cognita causa zu bilden. Sie sind gleichsam geborene Referenten und in schwierigen Sachen mit dem Urtheilsentwurf vor der Deliberation bekannt. Die Arbeitszeit und Kraft der Richter wird nicht unnöthig absorbirt. Von dem traurigen Schreibwerk befreit, werden sie ihrem eigentlichen Beruf zurückgegeben, — der Urtelsfindung ausschließlich angehören. Der Rechtsgang wird nicht verschleppt. Ich setze, daß wöchentlich vor jedem Senat in zwei Sitzungstagen von 10 bis 2 Uhr etwa zwölf Sachen plaidirt werden sollen. Der Senat hat neun Mitglieder. Jedes Mitglied, der Präsident nicht ausgenommen, entwirft die Woche etwa ein Urtheil. Die öffentliche Sitzung beginnt pünktlich um 10 Uhr. Wird vorher oder in besonderer Sitzung über die eingegangenen Urtelsentwürfe deliberirt, so wird zwischen Urtheil und Plaidoyer ein Zeitraum von acht Tagen liegen. Daß in schwierigen Sachen längere Zwischenräume nothwendig sein werden, kann nur ersprießlich sein, wie denn auch heute in solchen Sachen trotz Votum und Referat zwischen der Audienz und dem Urtheil oft mehrere Wochen liegen.

Der Satz: qui cito dat bis dat paßt nun einmal für die dritte Instanz nicht. Soll der dritte Richter Einheit des Rechts schaffen, die Continuität des Rechts und der Rechtsbildung durch eine wissenschaftliche, in den Geist der Gesetze tief eindringende Rechtsprechung darstellen, so wird ihm Zeit zu belassen sein. Er soll die Prozesse nicht abthun, sondern lösen und entscheiden.

§. 17.

Die Entscheidung erfolgt nur über die angegebenen Beschwerdepunkte.

Bei der Beurtheilung der Nichtigkeitsgründe legt der Gerichtshof das in dem angefochtenen Erkenntnisse als feststehend angenommene Sachverhältniß zum Grunde, insofern nicht die Beschwerde darin besteht, daß mittelst Verletzung oder unrichtiger Anwendung eines Rechtsgrundsatzes Thatsachen für bewiesen oder für nicht bewiesen erachtet, oder Thatsachen oder Beweise bei der Beurtheilung übergangen sind.

Wenn es sich um eine derartige Uebergehung oder um sonstige Nichtigkeitsgründe handelt, welche die Gesetzlichkeit des bei dem Verfahren oder bei der Entscheidung beobachteten Ganges betreffen, so ist auf die Prozeßschriften und sonstigen Prozeßverhandlungen zurückzugehen. Jedoch muß auch in diesen Fällen das in dem angegriffenen Urtheile als feststehend angenommene Ergebniß derjenigen thatsächlichen Würdigungen, welche der Richter in den Grenzen seiner Befugnisse vorgenommen hat, zum Grunde gelegt werden.

Die erste a linea ist nach der ganzen Oekonomie des Entwurfs müßig. Der gewissenhafte Anwalt muß, mag er außerdem deduciren, das mitgetheilte Schema anwenden.

Für die zweite a linea würde ich die Fassung:

insofern dasselbe nicht zum Gegenstand der Beschwerde gemacht worden ist,

vorschlagen.

Die dritte a linea scheint mir überflüssig und gefährlich, — überflüssig: denn das nicht mit Erfolg Angegriffene widersteht eben dem Angriff, — gefährlich: unter Umständen, in einem concreten Fall, wird man sich doch zu dem Satz:

quod nullum est in uno, nullum est in omnibus,

bekennen müssen. Wird vernichtet, so ist ja auch der demnächst mit der Sache befaßte Appellationsrichter nicht verpflichtet, das in dem vernichteten Urtheil als feststehend angenommene Ergebniß thatsächlicher Würdigungen seinem Urtheile zu Grunde zu legen.

§. 18.

Die Berathung und Beschlußfassung geschieht in Abwesenheit der Parteien, ihrer Vertreter und der Zuhörer.

Der Vorsitzende publizirt den gefaßten Beschluß mit den Gründen entweder sofort, oder bestimmt zu dessen Publikation einen nahen Termin.

§. 19.

Wenn die Nichtigkeitsbeschwerde zurückgewiesen wird, so wird der Implorant zugleich in die Kosten verurtheilt.

Wird die Vernichtung des angefochtenen Urtheils ausgesprochen, so erkennt das Ober=Tribunal niemals in der Sache selbst, sondern verweiset dieselbe, unter angemessener Vertheilung der Kosten, zur anderweiten Verhandlung und Entscheidung in die Instanz zurück.

Bei diesem Verfahren und bei der Entscheidung haben die Gerichte sich nach den durch das Erkenntniß des Ober=Tribunals festgestellten Rechtsgrundsätzen und Normen zu achten.

Die Vertheilung der Kosten ist nicht gerechtfertigt. Die Nichtigkeitsbeschwerde bildet einen in sich abgeschlossenen Rechtsgang (Urtheil des früheren Cassationshofes in Sachen Kaiser contra Mai vom 20. September 1834).

Der Unterliegende, sei er Implorant oder Implorat, hat die Kosten dieser Instanz zu tragen.

Durch eine irrige Auslegung einiger Stellen des römischen und canonischen Rechts, bemerkt der Revisor, und namentlich der darin vorkommenden Ausdrücke: poena, temere litigans, improbus litigator, war man zu der Ansicht gelangt, daß die Verurtheilung in die Kosten eine Strafe des wissentlich ungerechten oder muthwilligen Prozessirens sei (der calumnia oder temeritas litigandi). Man stellte daher als Regel auf, daß die Compensation der Kosten in allen Fällen eintreten müsse, wo nicht ein böser Vorsatz oder grobe Fahrlässigkeit des unterliegenden Theils darin, daß er es auf den Prozeß ankommen lasse, offenbar sei. Demgemäß wurden die Kosten compensirt, so oft irgend ein scheinbarer Grund vorhanden war, durch welchen der unterliegende Theil verleitet sein konnte, seine Sache für gerecht zu halten, — eine probabilis litiganda causa, wie man es nannte. Hierzu wurde nicht gerade erfordert, daß die Streitfrage wirklich zweifelhaft, ein jus dubium oder controversum war; sondern nur daß die Parthei sie dafür ansehen konnte. Die noch so paradoxe Meinung eines im Rufe stehenden Rechtslehrers oder ein leicht zu erhaltendes responsum juris — wovon selbst Leyser urtheilt: solent interdum jureconsulti in gratiam eorum respondere a quibus consuluntur — reichten hin, die Parthei gegen allen Vorwurf des muthwilligen Prozessirens zu rechtfertigen und die Compensation der Kosten zu bewirken u. s. w.

Man compensirte die Kosten in Prozessen unter Verwandten; ferner, wenn der verlierende Theil eine obrigkeitliche Behörde, eine Kirche, der Fiscus oder ein (katholischer) Geistlicher war — quoniam qui bona sua dimiserunt propter Christum, non est praesumendum, quod injuste appetant aliena etc.

Schon ältere Rechtslehrer haben hiergegen, als gegen einen schreienden Mißbrauch, geeifert. Vor allen Andern aber hat A. D. Weber in seiner Schrift über die Prozeßkosten sowohl jenes Prinzip, daß die Verurtheilung in die Kosten nur als Strafe des muthwilligen Prozessirens erfolgen könne, mit siegreichen Gründen bekämpft, als auch gezeigt, daß die Grundsätze der Praxis hierüber irrig und von den Gesetzen nicht unterstützt seien. Er ist der Meinung, daß es dem Endzweck der Justizpflege am Angemessensten sein dürfte, wenn das Unterliegen in der Hauptsache allemal und ohne weitere Einschränkung die Verurtheilung in die Kosten zur Folge hätte.

Der Revisor zeigt demnächst, daß dieses Prinzip auch für die Kosten der zweiten und dritten Instanz das richtige sei.

Es ist hiergegen erinnert worden, wird bemerkt, daß es auf der andern Seite nicht minder eine Unbilligkeit gegen den zuletzt unterliegenden Theil enthalte, diesen allein für den Irrthum des ersten Richters büßen zu lassen, da derselbe ohne diesen Irrthum sich vielleicht schon beim ersten Urtheil würde beruhigt haben oder doch beruhigen konnte, und es in diesem Falle nicht zur zweiten oder dritten Instanz gekommen wäre. Allein wäre es auch zulässig, aus einer bloß supponirten, jedoch nicht wahrscheinlichen Intention der Parthei auf diese Weise zu argumentiren, so könnte man doch erwiedern, daß es jedenfalls gerechter sei, diejenige Parthei unter dem Irrthum des Richters leiden zu lassen, die diesen Irrthum getheilt und veranlaßt, als jene, welche demselben fortwährend widersprochen hat. In der That aber bleibt die Parthei, welche einen ungerechten, d. h. in letzter Instanz dafür erklärten Prozeß angefangen oder es darauf hat ankommen lassen, für die Folgen dieser ihrer Handlung um deshalb nicht weniger verantwortlich, weil ein Richter der unteren Instanz irriger Weise dieselbe als rechtmäßig gebilligt hat. Wenigstens läßt sich die entgegengesetzte Meinung im Prinzip nicht rechtfertigen, und die Billigkeit, welche man dadurch im einzelnen Falle beweisen will, ist ein Unrecht für das Ganze. Denn hiernach muß auch derjenige, welcher sich in einem durchaus rechtmäßigen Besitze befindet, dennoch stets besorgt sein, wenn er deshalb in Streit gezogen wird, und ist oftmals genöthigt, die Anerkennung seines unzweifelhaften Rechtes erst durch Prozeßkosten zu erkaufen. Ungerechten Angriffen und rechtswidrigen Verweigerungen wird dadurch Vorschub geleistet und der Genuß des rechtmäßigen Eigenthums beeinträchtigt.

Trägt dagegen in allen Fällen der unterliegende Theil die Kosten des Prozesses, so wird dies die Partheien vorsichtiger machen in ihren Forderungen und Verweigerungen, und die Kosten werden ganz das sein, was sie sein sollen — eine Abgabe, welche mit Recht denjenigen trifft, der sie veranlaßt hat, und ein Mittel, die Prozeßsucht in Schranken zu halten.

Wünschenswerth erscheint dagegen, daß dem Anwalt des Siegers ein directes Klagerecht gegen den Gegner gegeben werde (Distraction der Kosten).

Man muß den Grundsatz des §. 19, daß das Ober-Tribunal niemals in der Sache selbst erkennt, vollständig billigen; nur wird festzusetzen sein, daß die Sache nicht an den vernichteten Richter, sondern an einen andern Senat des Appellationsgerichts zu verweisen ist. Auch das kleinste unserer Appellationsgerichte besteht aus zwei Senaten. Der Criminalsenat ist für Civilsachen ebenso qualificirt, als der Civilsenat für Criminalsachen. Es ist gut, daß auch die Criminalsenate sich mit Civilsachen beschäftigen. Es ist dies ein Gegengift gegen den Satz: qui vitia odit, homines odit.

Will der Herr Minister klare Einsicht gewinnen, welche Bewandtniß es mit dem Referat und der Verweisung an den vernichteten Richter hat, so wird ihm Nichts übrig bleiben, als die Appellationsgerichte und die Anwälte ad articulos zu vernehmen. Die einzelnen Fragestücke dürften lauten:

Welche Aufmerksamkeit wird dem Referat, welche dem Plaidoyer gezollt?

Mit welchen Augen sieht der vernichtete Richter die Gründe des Tribunalsurtheils an?

Mit welcher Bereitwilligkeit unterwirft er sich den festgestellten Rechtsgrundsätzen und Normen?

Wie oft hält er, wenn auch aus anderen, nicht immer sehr nahe liegenden Gründen sein früheres Urtheil aufrecht? Unterordnung, Subordination ist nothwendig; aber ebenso wenig ist zu leugnen, daß das Gesetz Niemand, am wenigsten den Richter, mit seinem Gewissen, mit seinem richterlichen Bewußtsein in Conflict setzen darf. Ein Richter, welcher nach bestem Wissen und Gewissen das Urtheil gesprochen, hat böse Stunden, wenn er, durch die Gründe des dritten Richters nicht überzeugt, so zu sagen Ordre pariren muß.

Das Dictum des Ulpian:

> Judex postquam semel sententiam dixit, judex esse desimit; semel enim seu bene, seu male officio functus est

ist nicht weniger wahr, weil alt, und nicht weniger alt, weil wahr.

Der §. 17 der Verordnung vom 14. December 1833 enthält die bedenkliche Vorschrift:

> Den Referenten ist gestattet, ihren Vortrag zunächst auf die Prüfung der Frage zu beschränken, ob das angefochtene Urtheil für nichtig zu erachten, und erst, wenn die Nichtigkeit vom Gerichte angenommen worden ist, über die Sache selbst den Vortrag zu halten.

Man hat die Verwerfung der Nichtigkeitsbeschwerde so sehr für die Regel erachtet, daß nach dem früheren Tabellenwesen eine Relation in Nichtigkeitssachen nur für eine halbe Relation gezählt werden durfte. Es sind dies Uebelstände, welche das Prinzip des §. 19 für immer beseitigt.

Die Frage, ob das Obertribunal sofort in der Sache zu erkennen, ist übrigens keine neue. Es wird daher vergönnt sein, auf die Gründe des Revisors noch einmal zu recurriren.

> Nicht durch positives Einschreiten, wird bemerkt, sondern nur durch ein negatives Verhalten ist die oben gestellte Aufgabe des Staates zu lösen, dadurch, daß dem höchsten Ge-

richtshofe nur die Gewalt ertheilt wird, Rechtsverletzungen aufzuheben, nicht selbst dergleichen zu begehen.

Allerdings kann es geschehen, daß in seltenen Fällen, und wenn sich die Gerichte, an welche die Hauptsache zur anderweiten Entscheidung verwiesen ist, den von dem höchsten Gerichte in dem Nullitätsurtheil ausgesprochenen Grundsätzen nicht fügen wollen, eine nochmalige Nullitätsbeschwerde eingelegt werden muß, und ein fortgesetzter Widerspruch der Art wird, um den Streit zu schlichten, zuletzt das Einschreiten der gesetzgebenden Gewalt nöthig machen. Allein dies ist kein Uebelstand, sondern der beste Weg, um zu einer authentischen Interpretation eines wirklich zweifelhaften Gesetzes zu gelangen, und das glücklichste Mittel zur Fortbildung der Gesetzgebung. Die gesetzgebende Gewalt muß zuletzt einschreiten zur Hebung von Widersprüchen und zur Aufklärung solcher Dunkelheiten in den Gesetzen, an welchen die doctrinelle Interpretation vergebens ihre Kraft versucht hat; aber sie darf nicht von der richterlichen ausgeübt werden.

Wenn der höchste Gerichtshof in der Sache selbst erkennt, ohne daß seine Entscheidung, wie sehr sie auch gegen das Gesetz verstößt, irgend weiter darf angefochten werden, so überkommt er hierdurch einen Theil der gesetzgebenden Gewalt. Denn er wird Herr, sich über jedes Gesetz hinwegzusetzen oder demselben jede beliebige Deutung zu geben, ohne dieserhalb einer Censur unterworfen zu sein u. s. w.

Dieser Ansicht des Revisors ist der Präsident Mühler beigetreten. — Man war übrigens mit dem Revisor dahin einverstanden, daß für den Fall jener Trennung nach dem allgemeinen Antrage der Gutachten die anderweite Entscheidung der Hauptsache nicht an dasselbe Gericht, welches das nichtige Urtheil gesprochen hat, dürfe zurückgewiesen werden.

Ich würde daher folgende Fassung vorschlagen:

Wird das angefochtene Urtheil vernichtet, so verweist das

Obertribunal die Sache zur anderweiten Verhandlung und Entscheidung vor einen anderen Senat des Appellationsgerichtes.

§. 20.

Die Erkenntnisse des Ober-Tribunals werden mit den Entscheidungsgründen den Sachwaltern in Abschrift mitgetheilt und für jede der Parteien und für das Gericht, bei welchem das Rechtsmittel angemeldet worden, ausgefertigt. Diese Ausfertigungen sind mit den Akten an den Dirigenten des letzteren zu übersenden, welcher die Insinuation an die Parteien oder deren Stellvertreter sofort zu veranlassen hat.

Die Erkenntnisse des rheinischen Senats enthalten die Namen der Richter, des Referenten und der plaidirenden Anwälte. In dieser Beziehung dürfte eine immerhin wünschenswerthe Gleichförmigkeit leicht zu erzielen sein.

§. 21.

Wenn von mehreren Litis-Konsorten nur Einer die Nichtigkeitsbeschwerde angebracht hat, so kommen in Ansehung des Beitritts der Uebrigen die Vorschriften zur Anwendung, welche in dieser Beziehung für die Appellation gelten.

§. 22.

Unter den Erkenntnissen im Sinne dieses Gesetzes (§. 1) sind auch Adjudikations-Erkenntnisse, sowie Agnitions- und Purifikations-Resolutionen einbegriffen.

§. 23.

In den Landestheilen, in welchen die Allgemeine Gerichts-Ordnung Kraft hat, steht die Nichtigkeitsbeschwerde gegen Adjudikations-Erkenntnisse zu:

a) dem Bieter, welcher den Zuschlag für sich verlangt hat, und behauptet, daß ihm und nicht dem Adjudikatar das Grundstück hätte zugeschlagen werden müssen;

b) dem Adjudikatar, wenn er behauptet, daß ihm der Zuschlag nicht, oder unter anderen als den im Adjudikations-Erkenntnisse aufgenommenen Bedingungen hätte ertheilt werden müssen;

c) jedem benachtheiligten dritten Subhastations-Interessenten (§§. 7 und 9 der Verordnung vom 4. März 1834, Ges.-Samml. S. 39), und zwar insbesondere auch wegen Verletzung der in dem §. 348 Nr. 1, 2, 3, 5 und 6 Tit. 11 Th. I. des Allg. Landrechts und der in dem §. 4 der Verordnung vom 2. Dezember 1837 (Ges.-Samml. S. 219) enthaltenen Bestimmungen. Dagegen bleibt die nach §. 350 des Allg. Landrechts a. a. O. zulässig gewesene Klage auf Widerruf des Zuschlags ausgeschlossen.

Als Imploraten behufs der Beantwortung der Nichtigkeitsbeschwerde sind zuzuziehen und dabei als Litiskonsorten zu betrachten alle diejenigen, welche nach Lage der Sache ein Interesse haben, daß der angefochtene Zuschlag oder die angefochtenen Bedingungen desselben aufrecht erhalten werden.

Statt des Wortes: „Kraft" in der zweiten Zeile wird es wohl „Gesetzeskraft" heißen sollen.

§. 24.

Von dem Rechtsmittel der Nichtigkeitsbeschwerde sind ausgeschlossen:

1) diejenigen Kontumazial-Erkenntnisse, gegen welche das Rechtsmittel der Restitution zulässig ist;
2) Entscheidungen über den Kostenpunkt und Prozeßstrafen, wenn die Beschwerde nicht zugleich die Hauptsache betrifft;
3) Entscheidungen erster Instanz, wenn der Gegenstand der Beschwerde nach Geld zu schätzen ist und nicht über funfzig Thaler beträgt.

Die Prozeßstrafen sind von der allerempfindlichsten Natur; §. 51 f. Th. 1. Tit. 23 A. G. O. Man wird sie daher abschaffen, oder gegen ihre Verhängung die Nichtigkeitsbeschwerde eröffnen müssen.

§. 25.

Die eigentliche Nullitätsklage findet aus Gründen, welche mittelst der Nichtigkeitsbeschwerde geltend gemacht werden können, nicht statt.

In den Landestheilen, in welchen die Allgemeine Gerichts-Ordnung Gesetzeskraft hat, ist die Klage in den Fällen zulässig, welche in der Prozeß-Ordnung Tit. 16. §. 2 Nr. 1, 3, 4, 5 bezeichnet sind.

Das Wort: „eigentliche" dürfte zu entbehren sein.

§. 26.

Der Titel 15 der Prozeß-Ordnung, die Verordnung vom 14. Dezember 1833, die Deklaration vom 6. April 1839, die Verordnung vom 21. Juli 1846 und die Verordnung vom 21. Juli 1849 (Ges.-Samml. S. 307 ff.), soweit dieselben die Revision und die Nichtigkeitsbeschwerde betreffen, ingleichen alle Vorschriften der Prozeß-Ordnung und anderer Gesetze, welche diesem Gesetze entgegenstehen, werden außer Kraft gesetzt. Dagegen bleiben die Vorschriften über das Zusammentreffen der Nichtigkeitsbeschwerde mit anderen noch zulässigen Rechtsmitteln, und die nach Erlassung der Verordnung vom 14. Dezember 1833 ergangenen besonderen Bestimmungen über die Ausschließung von Rechtsmitteln unberührt.

Die Praxis lehrt, daß die Clausula generalis:

„ingleichen alle Vorschriften, welche diesem Gesetze entgegenstehen“

zu den mannigfachsten Controversen führt. Sollte es nicht möglich sein, die einzelnen Vorschriften speziell aufzuführen?

§. 27.

Gegenwärtiges Gesetz erhält mit dem .... Gesetzeskraft.

In Ansehung der Rechtsmittel gegen die vor diesem Zeitpunkte insinuirten Erkenntnisse kommen die bisherigen Bestimmungen noch zur Anwendung.

Druck von J. C. Huber in Charlottenburg.

Kolibri 360 GmbH
Ferdinand-Jühlke-Straße 7
99095 Erfurt, Deutschland
produktsicherheit@kolibri360.de